赢在人力资源系列图书

U0602471

精准选人

——人才画像与人才识别

徐 斌 王一江 徐子骁 著

人民邮电出版社
北 京

图书在版编目（CIP）数据

精准选人 ： 人才画像与人才识别 / 徐斌， 王一江， 徐子骁著. -- 北京 ： 人民邮电出版社， 2023.4
（赢在人力资源系列图书）
ISBN 978-7-115-61255-7

Ⅰ. ①精… Ⅱ. ①徐… ②王… ③徐… Ⅲ. ①人员测评 Ⅳ. ①C962

中国国家版本馆CIP数据核字(2023)第036473号

内 容 提 要

人才画像是当前最为热门的人才测评技术之一。本书从人才画像的基本问题讲起，为读者清晰说明了这项技术的含义。同时，基于画像绘制的不同对象，本书将人才画像分为以职位为基础的标准人才画像和以人才个体为基础的高潜人才画像，并且分别确定了画像的内容构成，设计了科学的绘制流程，匹配了相应的绘制工具，提出了人才画像在企业中的适用情景。读者可以根据流程，从零开始完成画像的绘制，更好地做到识人、用人。

作为兼具实用性和趣味性的测评技术，人才画像包括的“闻声辨认”“喜怒于色”等方法可以用于对人的感知，人格测验、性格测验等方法可以用于深度了解人，角色扮演、笔迹分析等技术可以用于考察人。因此这项技术不仅适用于人力资源领域，也可以广泛应用于社会生活的多个领域。

本书适合企业高层管理者、部门管理者、企业招聘与培训专员，以及对人才画像、心理测验技术感兴趣的读者阅读。

◆ 著 徐 斌 王一江 徐子骁
责任编辑 刘 盈
责任印制 彭志环

◆人民邮电出版社出版发行 北京市丰台区成寿寺路 11 号
邮编 100164 电子邮件 315@ptpress.com.cn
网址 https://www.ptpress.com.cn
北京七彩京通数码快印有限公司印刷

◆开本：800×1000 1/16
印张：15 2023 年 4 月第 1 版
字数：200 千字 2025 年 3 月北京第 7 次印刷

定 价：79.00 元

读者服务热线：（010） 81055656 印装质量热线：（010） 81055316
反盗版热线：（010） 81055315

推荐序

没有尺子就无法统一标准——人才选拔要有建模意识

企业管理者和 HR 从业者在面试候选人时常常会遇到以下这些困惑：

困惑一：原计划用时 40 分钟的面试，却耗时 2 个小时也无法结束；

困惑二：无论向候选人提出什么问题，得到的答案都不是自己想要的，有时候自己也不清楚想要什么答案；

困惑三：每个面试官都是凭借自身经验来评价一个候选人，面试小组无法对最终结论达成共识。

这是为什么呢?

每个人对于人才都有自己的定义和标准，在衡量人才时，每个人使用的工具也是不一样的。这就会导致企业管理者或 HR 从业者在人才的识别和衡量上无法达成共识，不能做到精准选人。

正因为一千个人眼中有一千个哈姆雷特，我们才需要制定人才标准，并将它应用在人才测评工作中，帮助企业实现精准识人、选人和用人。

关于《精准选人——人才画像与人才识别》这本书，我有以下三个推荐理由。

理由一：手把手教你绘制人才画像。

作者通过人才标准 4D 模型引出了标准人才画像和高潜人才画像的定义。那么，如何绘制人才画像？是从零开始还是基于成果转化而来？人才画像的绘制流程是什么？流程中每个节点该如何做？分别使用哪些二具？作者针对上述问题给出了非常详细的操作方法。

例如，标准人才画像的绘制流程有六个步骤，其中第四步是利用多种方式形成对人才画像的初步认知，包括通过履历分析了解基本信息、通过面谈获取感性认识、通过心理测验描绘潜在特质、开展问卷调查获取基本能力，以上四种方式有方法、有技巧、有结果，读者可以参考借鉴。

理由二：手把手教你识别人才。

（1）感性的认知。在专业测评的过程中，我们需要通过声音、微动作、微表情来感知对方。例如，作者对多次眨眼、眉毛上扬、双眉下压、舔嘴唇、鼻子皱起等多个微表情进行了文字描述与图片展示，诠释了人们在这一过程中的情感状态。这些能够让我们认识到，人才识别不再只有冷冰冰的技术工具，还可以有活生生的身体语言。

（2）理性的认知。作者从第五章开始介绍了各类测评工具，如卡特尔 16 种人格因素测验、大五人格测验、艾森克人格问卷、MBTI 人格测评、DISC 个性测验、PDP 性格测试等八种人格测评工具，还介绍了罗夏墨迹测验、主题统觉测验、“房树人”绘图测验等投射类测验工具，这些工具能够帮助我们更理性地测量与衡量人才。

理由三：有了面试等传统方法的有效支持，让人才画像开始变得“有血有肉”。

感性和理性的认知如观察和心理测量提供的信息都是点状的，仅仅依靠这些碎片化的信息，人才画像更像是填空题，有可能会缺乏一些重要内容，这时我们就需要用到笔试、面试、案例分析讨论、无领导小组讨论、笔迹分析、角色扮演、公文筐测验等方法，这些方法和工具串联起来，就形成了最终的人才识别方法及路径。

相信企业管理者和 HR 从业者读完本书之后能够精准识别人才，提升团队合力！

抖音达人 HR 老谢
2023 年 4 月于北京

前言

作为国内首位高校人才学系的系主任，我和我的人才研究团队始终在关注一个人从材（特质），到才（能力），再到财（富有）的成长过程。

在参加《非你莫属》电视选聘节目和类似的招聘项目时，我会从专业角度分析每个人的显性特质和隐性秘密。本书介绍的很多画像工具（如观察、测评等）可以帮助读者有效规避选人风险，为应聘双方节约时间和金钱。当然，选人只是人才画像最直接的应用之一，组织人才盘点、团队人员选配、个人成长等都离不开人才画像。

我在亲自指导社会学员时，会通过对每个人的行为观察、内心测试、实例验证与系统训练，帮助他们挖掘出自己不注意的、隐性的成长密码，认识到自己的“3C”：材能（特质）、才能（能力）、财能（收益），找到与此对应的创新、创业、创绩之路，本书就是要让更多的人找到自己内在的成长动力，成就自己，实现真正的人生价值。

总的来说，本书以讲述人才画像的概念、组织如何绘制并运用人才画像、个人如何找到自己的“3C”成长密码为主线，系统阐述了人才识别的具体方法、工具及其使用条件等。这些当下流行的方法均来自于实践，简洁有趣、易学好用。书中也穿插了大量的生动案例来帮助读者理解和消化相关知识，同时还分享了我多年的实践经验。通过对本书的学习，读者认识自我与识别人才的能力会得到全面快速的提升，并会在短时间内成为一个卓有成效的人才甄别的实践者。如果你不了解人才画像，但希望在工作中运用人才画像辅助工作，那么，这本书就是为你而写的。

本书共六章，前三章的主要内容是介绍人才画像的内容与绘制方法，后三章在介绍相关方法、工具和技术的同时，还梳理了一些人才画像的实战案例。具体来说，第一章系统介绍了人才画像的概念与来源，说明了组织绘制人才画像的思路，并且提出了人才画像的两个类别，即标准人才画像和高潜人才画像；第二章详细说明了标准人才画像的绘制流程及其应用场景，如招聘、培训、建立能力库等；第三章详细介绍了高潜人才画像的绘制流程及其应用场景，如进行人才盘点、建立协同团队、选择领导风格等；第四章从感性认知的角度出发，介绍了如何从声音、微动作、微表情等方面初步认识他人；第五章提供了大量准确有效、操作简便且流行的测评工具；第六章将评价中心技术与其他方法融入人才画像的绘制过程中，使得画像内容更加完整。本书将人才不同维度的特点、资源、优势串联起来，使得人才画像的绘制路径更加明晰。

本书的出版离不开各位专家与朋友的指导、协助。感恩给我持续鼓励的首都经济贸易大学劳动经济学院人才学系、中国人才研究会、中国人力资源开发研究会人才测评学会、北京市国资委、清华大学继续教育学院；感恩陈晓筠老师的指导；感恩领途教育CEO 刘佰明和禾思才景对相关测评工具的授权介绍；感恩徐斌创新思维成长会核心团队成员丁文华、伍秀仪、班伊倩、陈东霞、李燕玲、桂子等老师的反馈；感恩一直以来伴随我成长的所有朋友们。让我们享受美好春天的喜悦之光，漫步在人才画像的美好景色里吧！

目录

第三章　运用人本思维绘制高潜人才画像

第四章　直接观察获得感性认知

第五章　心理测验技术是绘制画像的科学基础

第一章

人才画像既是科学也是艺术

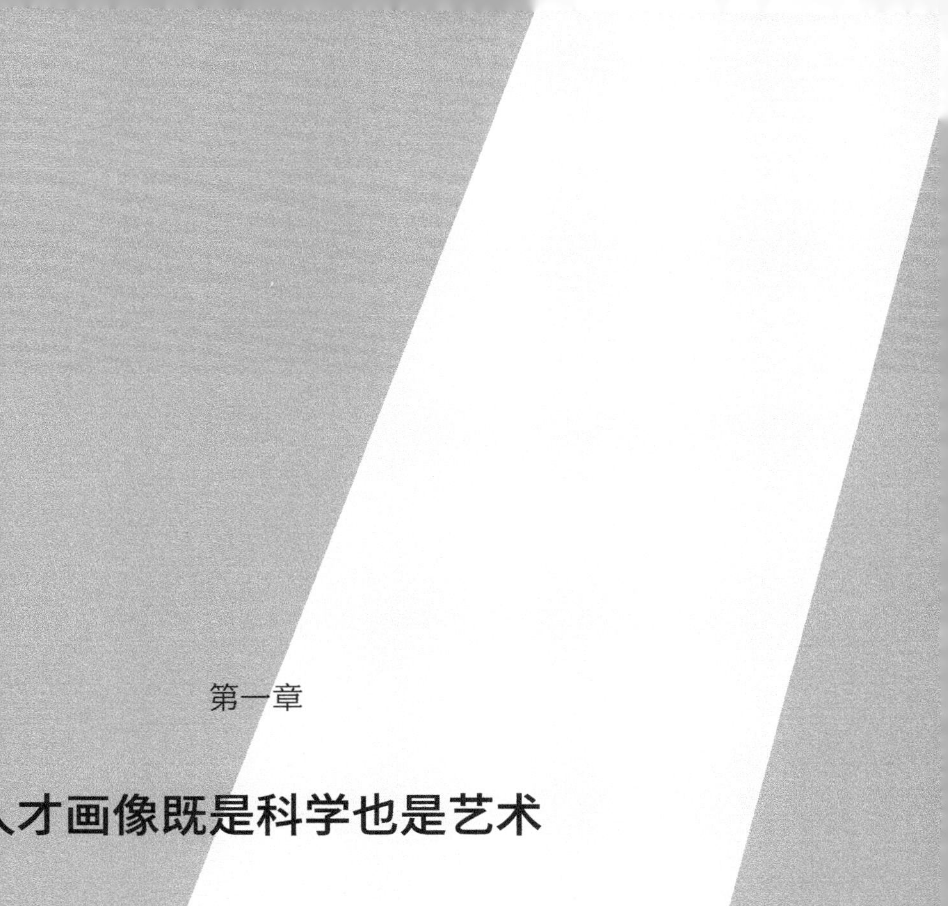

营销人员在分析大客户数据后会形成用户画像，如“21岁，学生，冲动型人格，注重外表，有知识付费经历……”通过这种方式，营销人员能够快速锁定客户群体。和营销人员寻找客户一样，企业管理者也在人才市场上不断地网罗人才，在组织内部持续地挖掘人才，那么在识别人才的时候可否借鉴用户画像的理念呢？

一、最基本的问题——人才是什么

千秋基业，人才为本。在大多数企业奋力“攀科技高山，下数字蓝海”，领导者关注组织管理与变革时，“人才”这个词受到了广泛关注。企业中的“员工”不见了，“人才”成了代替他们的词汇。当人才的概念被混淆，任何人都被称为“人才”时，人才的概念究竟是什么呢？

在我国，“人才”并不是一个新词，早在2 500多年前，《诗经·小雅》中就写到“菁菁者莪，乐育材也。君子能长育人材，则天下喜乐之矣”。这句话不仅明确提出了“可造之材”的概念，还用生长茂盛的植物来比喻人才的茁壮成长，希望有德行的君子能够成为真正的人才。此后，从先秦时期的“德才兼备”开始，不同时期的人们对人才的理解也不同，具体如表 1-1 所示。

表 1-1 不同时期的人才概念

概念	代表内容
德才兼备，以德为先	“骥不称其力，称其德也”——《论语》 “厚乎德行，辩乎言谈，博乎道术”——《墨子·尚贤》
高职位、高势力	“力多则人朝，力寡则朝于人，故明君务力”——《韩非子·显学》
识、学、体	“史有三长：才、学、识。世罕兼之，故史者少”——《新唐书·列传·卷五十七》 “大凡人无才，则心思不出；无胆，则笔墨畏缩；无识，则不能取舍；无力，则不能自成一家”——《原诗·内篇》
德育、智育、体育	“考日本教育，总义以德育、智育、体育三大端，洵可谓体用兼赅，先后有序”——《筹定学堂规模次第兴办折》
德、智、体、美全面发展	“教育必须为社会主义现代化建设服务，必须与生产劳动相结合，培养德智体等方面全面发展的社会主义建设者和接班人。”——《中国教育改革和发展纲要》
科学人才观	“具有一定的专业知识或专门技能、进行创造性劳动并对社会做出贡献的人，是人力资源中能力和素质较高的劳动者，人才是我国经济社会发展的第一资源。”——《国家中长期人才发展规划纲要（2010—2020 年）》

改革开放以后，我国曾对人才进行过权威定义。1982 年《国务院批转国家计划委员会 关于制订长远规划工作安排的报告的通知》（国发〔1982〕149 号）首次对人才进行界定，提出人才包括以下两类人：一是具有中专或以上学历者，二是具有技术员或相当于技术员以上专业技术职称者。作为计划经济体制下和特定历史条件下的产物，这一概念主要按照受教育程度和职称来评价人才，对培养优秀人才、制定有关政策具有一定的意义和合理性。然而，随着国家经济水平和人民教育水平的不断提升，这一概念不仅标准太低，而且缺乏科学依据，并没有全面、客观地界定出人才概念的内涵和外延。

2010 年，中共中央、国务院颁布的我国第一个《国家中长期人才发展规划纲要（2010—2020 年）》进一步完善了对人才的定义，人才是指“具有一定的专业知识或专门技能、进行创造性劳动并对社会做出贡献的人，是人力资源中能力和素质较高的劳动者，人才是我国经济社会发展的第一资源。”这一概念为人才赋予了新的时代内涵，开启了科学人才观，也是当今广泛使用的人才界定方式。

科学人才观提出了“人人都可以成才”的观点，只要是能够创造价值、做出贡献的人，都属于人才。回顾以往的人才标准，无论是以职位划定人才，还是以职称划定人才，划分标准都较为单一。科学人才观不再按照学历、资历、社会背景界定人才，而是结合综合素质，以个人业绩和实际工作能力为考察重点。学历、职称高低不等同于能力高低，更不等同于管理水平高低。只有通过实际工作才能检验人才，通过工作能力和业绩，才能确定哪些是真正的人才。

可以说，科学人才观打破了原有“学历高、职称高、资历老”的人才评定框架，是一种与时俱进的人才定义。在这一视角下，我们认为人才群体具有以下特征。

• 创造性。人才普遍具备创新性，能够多侧面、多角度的思考，敢于提出问题并创造性地解决问题。他们渴望从事创造性的劳动，善于将创新思维转化为创造实践，不断研发出新成果、新技术。

• 先进性。先进性是人才的本质属性之一。与一般员工相比，人才具有更加丰富的知识（Knowledge）、娴熟的技能（Skill）、完成工作的能力（Ability）和主动性、责任感等其他特征（Other characteristics），在人力资源管理领域，上述四项被简称为 KSAO。这就是人才与一般员工的本质差异。

• 时代性。人才虽然能力出众，但也不可避免地会受到时代特点的局限。因此，我们不能超越时代对人才进行评判。例如，汉朝的“举孝廉”制度将孝顺父母作为衡量人才的首要标准，但对现代人才来说，只做到孝顺是远远不够的。

• 相对性。人才是相对于某一个领域而言的，是指特定专业领域中具有深厚造诣的个体。在现代科学高度专业化、分工精细化的趋势下，大多数人才只是精通某一专业的专才，即使是高水平的通用人才也只可能精通某几个专业领域。因此，我们谈论人才时不能超出专业范围，对人才进行跨专业的横向比较，只有在相应的领域中，人才才能发挥最大的能力。

• 动态性。人才是一个动态的概念，总处于不停地变化之中。一方面，“人人皆可成才”，普通员工能够通过学习和实践成为某一领域的人才，初级人才可以通过积累经验和转变思维成为高级人才，相反，人们也会因为知识陈旧、态度消极退出人才的行列。另一方面，不同类型的人才可以在一定条件下实现互相转化，如国企高管前往政府部门工作，从经营管理人才转变为党政人才。

二、企业中的人才标准

对于企业来说，到底什么样的员工才是人才呢？首先，企业的人才识别工作一定要遵从科学人才观。有些企业盲目迷信学历，非“海归”不要，非“985”“211”的毕业生不要；有些企业只看职称，职称越高越好，各种证书越多越好。这些都与新时代的人才观背道而驰。其次，并非只有绩效水平高的员工才是人才，有些员工由于不熟悉组织、不了解任务，导致当下的业绩不佳，其实他们具备极高的潜力，有着较大的发展空间，这样的员工也是人才。

在明确了以上两点认识之后，我们就需要根据企业的实际情况，进一步评价哪些是企业中的人才群体。企业管理者在评价企业中的人才时，要从“匹配”出发，使人才与职位要求匹配、与团队匹配、与组织匹配。

与职位要求匹配。与职位要求相匹配是筛选人才的基础。人才必须在知识、技能、能力和其他特征这四个方面与其所在职位的要求相匹配。无论是达到任职资格这一基本要求，还是符合胜任力模型这种高级要求，都可以算是与职位相匹配。相反，即使员工在某方面有特殊的才能，但并不符合任职资格中的要求，他也不能被称为人才，因为他难以在自己的岗位上做出相应的贡献。

与团队匹配。在企业中，很多工作都是以团队的形式完成的，因此，员工团队协作的能力显得尤为重要。团队之所以优秀，不仅因为它拥有合格的领导者，还取决于领导者与下属之间、团队成员之间的互相匹配。这种匹配一方面体现在员工具备的知识、技能等素质上，如满足团队能力的要求与知识多样化的匹配；另一方面体现在员工的性格、思维角度上，或是员工与团队的思想一致，或是员工扩展了团队的思考边界。美国宇航局（NASA）的科学家、天体物理部门主任查理·佩勒林博士（Charles Pellerin）在其著作《4D 卓越团队》中，就提到了团队思维的重要性和类别。他以人们对信息的收集思维（根据直觉还是感觉）和利用信息进行决策的思维（根据情感还是逻辑）为依据，将领导者的思维特征和团队文化分为培养、展望、包容、指导 4 个核心维度（如图 1-1 所示）。当员工与团队的文化相匹配时，一定可以产生“1+1>2”的效果。

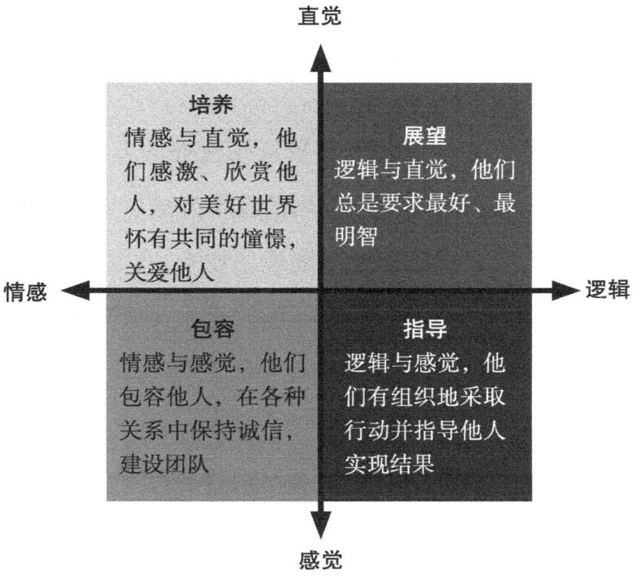

图 1-1　4D 分类坐标

与组织匹配。每个成功的企业都有自己的文化与战略。在独特的使命、愿景和价值观的感召下，每个员工都会遵循相同的原则，追寻相同的目标。华为公司的成功就离不开《华为基本法》的指导。《华为基本法》总结、提炼了公司成功的管理经验，确定了华为二次创业的观念、战略、方针和基本政策，构筑了公司的发展蓝图。正是由于“华为人”与公司的匹配，华为才做到了“力出一孔，利出一孔”。如果员工不认同组织的文化，不相信组织的战略目标，内耗和矛盾冲突就会产生。这时，能力越强的人越会阻碍公司的发展，这些人也就不能被称为“人才”了。

为了便于理解，我们以“职位”“团队”“组织”为顺序，说明人才与其匹配的重要性。当然，这并不是按重要程度排序的。换句话说，能够同时与这三者匹配的员工就是企业的核心人才，但是这样的人才并不多。当员工不能同时满足这三种条件时，与职位的匹配是最为首要的，其次是与组织的匹配。如果员工可以满足这两方面的要求，他们就可以被认为是企业的人才了。

三、驱动人才技术更新的因素

确定了人才的重要性后，企业管理者需要应用专业的方法来评价人才、任用人才，实现组织的目标。当前，围绕人才开发与应用的技术方法层出不穷，如了解人才潜在特质的人才测评技术、注重人才发展的职业生涯规划技术，这些技术各有其应用范围，是满足特定需要的人才管理智慧。然而，随着环境的变化及新需求的涌现，组织也在呼唤新的人才测评技术。

首先，脑科学的发展印证了个体的特殊性。

世上没有两片完全相同的树叶，世上也不存在完全相同的两个人。科学家们曾通过观察行为和测量特质确定了个体之间的差异，然而，这种差异究竟有多大，如何应用这种差异来开发人才，仍需要通过科学的手段进行检验。幸运的是，脑科学的发展对这些问题做出了补充回答。

脑科学以阐明脑和神经系统的工作原理及机制为目标，被认为是自然科学的“最后疆域”。2013 年欧盟率先宣布，“人脑工程”为欧盟未来 10 年的“新兴旗舰技术项目”，并成功获得 10 亿欧元的科研经费。同年 4 月，美国政府公布“脑计划”项目，启动资金高达 1 亿美元，后经过研究调整，计划在未来 12 年内总共投入 45 亿美元。2016 年 2 月澳大利亚脑联盟成立，这个组织集合了澳大利亚研究神经科学和行为科学的科学家，为超过 28 个成员组织的脑研究项目提供支持。中国在科技快速发展的基础上也对脑科学领域展开了研究，被称为“中国脑计划”（CBP），即脑科学和类脑研究，旨在探索大脑秘密、攻克大脑疾病和开展类脑研究等，我国的“十四五”规划更将“脑科学”列为国家重点前沿科技项目。经过近十年的积累，脑科学，特别是其中脑图谱技术领域的研究成果丰富了过去的认知理论，并为人们提供了认识世界的新方式。

其次，从方法上来说，通过单一手段来了解人才的弊端日益凸显。

真正看清一个人并不是一件容易的事。在识人方面，我国的传统文化中有很多方法，如《吕氏春秋》的“八观六验”、《庄子》的“九征”、诸葛亮的“识人七法”等。工业革命后，西方国家的企业管理者开始规范面试的流程，力图通过这种方式了解他人。19 世纪，更具有科学含义的心理测量方法逐渐出现，它开始从智力、人格特质、职业价值观等方面深入辨识个体。第二次世界大战后，评价中心技术逐渐走俏，它利用一系列的测评方法来观察管理人员，进而成为各大企业争相使用的程序。这些技术方法各有特点，也解决了特定时代下的具体问题。然而，从结果来看，单独使用这些技术存在一定的弊端。

以心理测量为例，其测试类型种类繁多，即使是基于同一种人格理论的个性测验，测验题目在内容和形式上也各不相同，因此针对同一个人的测验结果可能会出现较大差异。同时，人格测验项目的不统一也给结果之间的横向比较带来了困难，其解读离不开专业人员的全程参与。此外，在心理测验的过程中，受到社会舆论和道德评价的影响，有的被试不是根据自身的实际情况作答，而是按照社会和他人的期许，即“我应该怎样”而不是“我实际怎样”来回答问题。因此，很多测验结果并不能真实反映被试的人格特点。

幸运的是，技术的发展不仅提升了某些方法的有效性，更重要的是它还促进了不同方法之间的协同。例如，互联网技术和分析系统使得心理测量对专业性的要求降低，可以通过第三方机构快速输出结果，提升了识别人才的效率；利用 VR 技术进行心理测量增加了测验结果的真实性；大数据对面貌的捕捉，可以寻找相貌特征与个性之间的关联；HRM 系统的发展和实施使得员工的个人数据得到了记录，其长期绩效结果和行为等信息都能够得到总结，作为了解个人能力的依据并验证心理测验的结果。这些发展无不指向了一种趋势，即积极利用新技术并统筹运用不同方法，能够更加真实、全面地觉察出人才的特点。

最后，人才“定价”的趋势呼唤新的人才评价方法。

当我们提到演员、球员等职业时，会自然而然地想到他们的“身价”。价格是价值的货币表现，演员或球员的“身价”在一定程度上就是其自身价值的体现。“身价”并不是凭空产生的，以足球运动员为例，他们的“身价”和年龄、当前的能力、潜能、本地声望、国际声望、当前薪资、合同类型等几个方面的因素有关。

除了演员或球员之外，其他类型的人才或者所有人才能否通过“身价”体现自己的价值呢？答案是可以的。20 世纪 60 年代，美国经济学家西奥多·舒尔茨（Theodore Schultz）和加里·贝克尔（Gary Becker）就对人才价值做出了探索，他们提出的人力资本理论，开辟了关于人类生产能力的新思路。该理论认为物质资本是指物质产品上的资本，包括厂房、机器、设备、原材料、土地、货币和其他有价证券等；而人力资本则是体现在人身上的资本，即对生产者进行教育、职业培训等支出及其在接受教育时的机会成本等的总和，表现为蕴含在人身上的各种生产知识、劳动与管理技能，以及健康素质的存量总和。根据这些存量的情况，管理者就可以对人进行定价。

人力资本理论的提出改变了管理者对人力资源的看法，通过培训提升人员素质，最终提升企业的整体人力资本，成为企业发展的重要方式。同时，当前很多市场活动都为人才的价值变现提供了空间和机会。例如，《中华人民共和国公司法》第二十七条规定：股东可以用货币出资，也可以用实物、知识产权、土地使用权等可以用货币估价并可以依法转让的非货币财产作价出资，但是，法律、行政法规规定不得作为出资的财产除外。对作为出资的非货币财产应当评估作价，核实财产，不得高估或者低估作价；《中华人民共和国公司登记管理条例》第十四条规定：股东不得以劳务、信用、自然人姓名、商誉、特许经营权或者设定担保的财产等作价出资。人才价值不在不得出资的财产之列，这就意味着，人才价值在经过评估后，可以变现为出资。

对于个人来说，如何将自身的人力资本变现仍是一个难题，工资只能体现出个人的部分价值，同时在很大程度上受限于行业和组织的发展情况。同样，由于缺少评估系统，人才价值无法被数字化、货币化，在确定人才价值时就难以操作。人才的无形资产系数或价值系数到底是多少呢？只靠他的人才价值属性，能获得多少银行授信？能折合成多少出资？仅凭主观认知很难给出答案。如此一来，在实际操作中，人才的价值就难以得到货币化认可，无法被有效配置并变现为对等的市场资源和机会。人才资源的活力也就被束缚了，不能充分发挥作用、释放能量。

对于这种情况，济南在2020年做出了探索，出台了《人力资本价值出资管理办法（试行）》，率先创立了“人才有价”评估系统，为人才“明码标价”。“人才有价”评估系统通过将每一名人才的身价标准化、数字化和货币化，为人才赋予可以量化的金融价值，且利用大数据算法，结合400多项指标、数千个要素，对人才的身价进行综合评估，并像征信系统出具信用报告一样能够提供人才身价、金融价值和岗位价值报告，确保了人才价值评估的全面性、客观性和准确性。当然，对于企业来说，建立这种评估系统的难度较大，应用的场景也不足。不过，可以预见的是，人才定价已经成为一种趋势，如何合理评价组织内部人才的价值，从而为人才价值交易、银行授信和岗位匹配提供参考，就成了企业管理者需要思考的问题。

四、来源于用户画像的人才画像

脑科学的发展和人才“定价”的趋势推动了组织对个体差异性及人才价值的理解。相应地，技术的发展也为评价人才提供了更多的方法。在这三方面因素的共同作用下，人才画像这一技术被提出并逐渐得到发展。

如同管理学的很多名词一样，“人才画像”也是从其他领域移植过来的概念，它的原型就是与精准营销、精细化运营直接挂钩的“用户画像”。1998年，“交互设计之父”艾伦·库伯（Alan Cooper）出版了极具影响力的作品《疯子掌管疯人院》（*The Inmates are Running the Asylum*）。在书中，他提出了一些新颖且极具煽动性的想法，分析了为何有天分的人却总是不断设计出糟糕的软件，其中一个影响至今的重要内容就是“用户画像（Persona）”。

库伯认为，用户画像是基于用户真实数据的虚拟代表（Personas are a concrete representation of target user），是实现以用户为中心的交互设计的重要工具。通过用户画像，设计团队在产品、服务设计过程中能时刻关注用户及其需求，从而与用户达成共识。

用户画像的构建过程本质上是以短文本（或加上图片）描述虚拟用户组的过程，即把用户特征抽象成短语标签，其中每个组内的虚拟用户都具有相似的目标、需求和行为等。这一描述过程中所涉及的短文本、图片被称为画像描述（Personas Descriptions）。目前，主要存在两类用户画像的构建过程：一类是根据每个用户在产品、服务中的行为、观点等数据，生成描述用户的标签集合（User Profiles）；另一类是产品设计人员、运营人员根据用户需求从用户群体中抽象出典型用户（User Personas）。前者得到的画像本质上是一个标签化的用户模型，用于刻画某一类用户的主要意图，而后者得到的画像是一个描述用户需求的工具，用于帮助不同设计人员在产品、服务设计过程中站在用户的角度去思考问题。

用户画像应用的对象一般是外部用户，或者说是客户，当我们把企业中的人才看作是“内部客户”时，就能够以相似的逻辑绘制出“人才画像”。人才画像就是建立在一系列真实数据之上的目标人才模型，是在分析与标签化公司内部人才素质特征和外部标杆岗位或人才特质后，形成的一幅全面、生动的“肖像”。同样，根据绘制过程的目标不同，我们认为人才画像也可以分为两类。

第一类是“标准人才画像”。

标准人才画像是从职位需求出发，通过对该职位上绩优人才的数据进行分析，挖掘职位的核心需求与绩优人才的素质特征，形成标签以及对标签的说明，用于描述最适合该职位的人才特征，为后续的招聘、培训等工作提供帮助。

标准人才画像的绘制离不开“素质”这一关键内涵。哈佛大学教授、管理学素质研究的开创者麦克利兰（D.C. McClelland）提出：“素质是一个人的基本特性，它与高效率和高效的工作业绩有密切联系，并且可以被测量”。“基本特性”说明素质是个体的一种相当深刻和持久的个性，它可以预测工作中的各种行为；“有密切联系”是指一种素质会引起相应的行为，也可以据此预测一个人的工作表现；“可以被测量”意味着依据素质可以预知一个人能否胜任某项工作，它可以用一些特定的标准来衡量。

素质的构成并不是单一的，而是多方面、层层包裹的。一般认为，素质由表及里可以分为三个层级，进而形成一个洋葱模型（如图 1-2 所示）。

图 1-2　素质的洋葱模型

洋葱的最外层是知识与技能。知识是我们在某一特定领域拥有的事实型与经验型信息；技能是我们结构化地运用知识完成某项具体工作的能力。

中间层包括自我形象、社会角色、价值观和态度。自我形象是指我们对自身的看法与评价；社会角色是我们对所属社会群体或组织接受并认为是恰当的行为准则的认识；价值观是我们认定事物、辨别是非的思维或取向；态度是我们的自我形象、价值观及社会角色综合作用后外化的结果。

最内层是个性与动机，是我们对外部环境及各种信息等的反应方式、倾向与特性。

在这三个层次中，越靠近“洋葱”的内里，特征越为内隐，越靠近“洋葱”的外圈则越为外显。同时，越内隐的要素越难改变；越外显的要素则越容易培养与改变。

正是由于素质具备以上特性，越来越多的组织发现其非常适合评价个人的特征。1982 年，美国组织行为学教授理查德·博亚兹斯（Richard Boyatzis）在他的《胜任的经理：一个高效的绩效模型》一书中讨论了胜任素质模型在企业中的应用，从此胜任素质模型逐渐成为企业中人力资源管理的重要工具。最初，胜任素质模型被广泛应用于对岗位任职资格的描述，用来确定岗位应该需要什么样的员工，后期胜任素质模型被集中应用到与管理相关的岗位，用来说明领导者需要具备哪些能力素质。

IBM 公司认为领导者需要具备四种独特的素质，并提出了三环模型（如图 1-3 所示）。其中，环心是“对事业的热情”，IBM 认为，杰出领导者需要对开创事业、赢得市场以及 IBM 的技术和业务能为世界提供服务充满热情，这是对领导者最为基本，也是最为重要的要求。处在一环的是“致力于成功”，它包括对客户的洞察力、突破性思维、渴望成功的动力。二环是“动员执行”，指领导者动员团队、带领团队达到目标的能力。最外层的圆环是“持续动力”，用来判断领导者能否不断发展组织，开发优秀人才，做出贡献。通过采用“三环”

的形式展示素质模型，突出不同素质之间的递进关系，管理者能够直观感受到哪类素质是首要的，如果进行自我提升，哪一部分是最重要的，哪一部分是相对容易的。

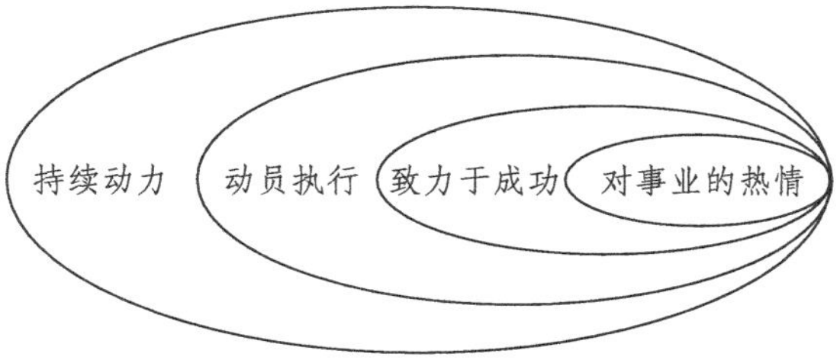

图 1-3 IBM 的三环模型

标准人才画像的绘制以洋葱模型为指导，但超越了模型的内容（如图 1-4 所示）。一方面，标准人才画像通过各种工具和方法提炼出绩优人才的特征，总结出胜任这一职位的人才所需要的知识技能、价值观、个性等内容；另一方面，标准人才画像的绘制对象

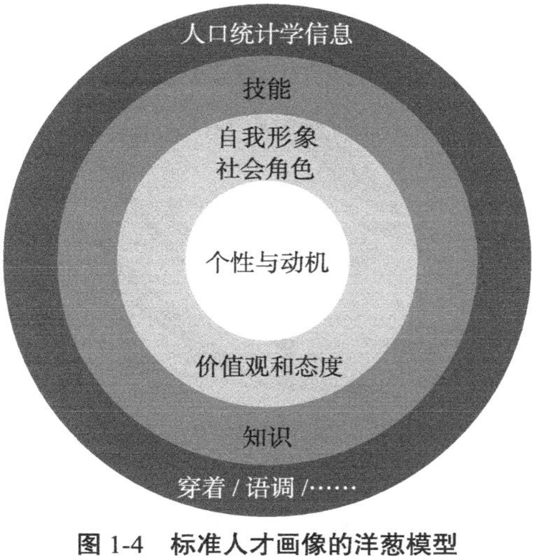

图 1-4 标准人才画像的洋葱模型

并不局限于领导岗位，其关注的内容也更加多元（如个人的基本信息、语音语调等）。通过对大量多元数据的总结和分析，探索更多与绩优人才相关的特征，特别是那些明显的表象，就可以绘制出一幅生动的人才画像。

第二类是“高潜人才画像”。

高潜人才画像是以具有高潜力的人才为对象，通过观察、测评、追踪、研究等手段，收集个性化的数据，深入而全面地剖析人才的特征，为人才选拔工作提供一个最直观、最精准的认知与判断。值得注意的是，高潜人才画像的对象既可以是绩效与潜力都较高的人才，也可以是当前绩效一般，但符合匹配要求的人才。具体哪些人员是“高潜”人才，需要管理者来界定。

高潜人才画像的绘制同样离不开素质这一概念，因此，图 1-2 的洋葱模型也是高潜人才画像的基础。不同的是，高潜人才画像更加强调独特性，是由个性化数据驱动的。由此，我们提出了“钻石模型”（如图 1-5 所示）这一概念。

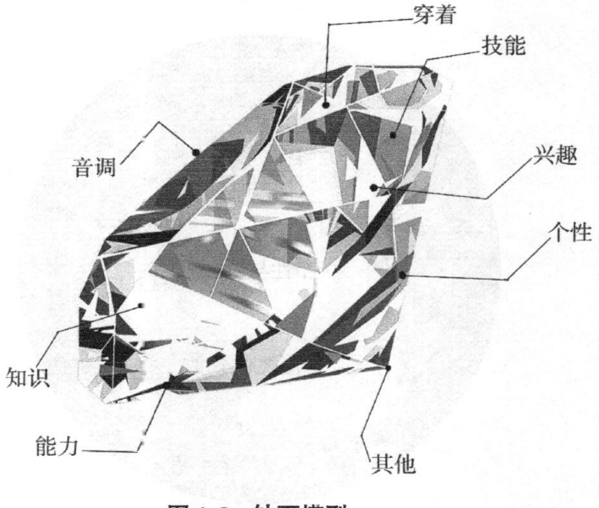

图 1-5　钻石模型

高潜人才就像钻石一样，他们价值高、稀少、坚韧，有些人才尚未被开发，有些人才已经在组织中闪耀着光芒。当然，无论高潜人才的形态如何，可以肯定的是，他们都是独一无二的，像钻石一样，从不同的切割面看去，都会发出不同的光泽。钻石的“各面各异”很好地诠释了高潜人才的“千人千面”。每一位高潜人才都具有各自的特质，高潜人才画像的绘制就是对这些特质的挖掘与提炼。

五、人才画像的绘制逻辑与构成

人才画像是基于大量数据形成的，无论是标准人才画像还是高潜人才画像，都离不开数据的收集、分析和总结。参照用户画像的绘制逻辑，人才画像是以大数据和算法为依托，经过大量计算后绘制形成的。一般来说，人才画像有以下两个绘制思路。

第一个思路是完全依靠 E-HR 系统，根据系统中的数据，设计两层仓储模式从而绘制人才画像。具体来说，第一层为个人原始数据的采集与预处理，通过公司的 E-HR 系统收集、汇总与员工相关的个人数据，对采集到的数据进行清洗，删除冗余、重复数据。在这一阶段，绘制人员可以获取员工的人口统计学信息，如性别、地域、学历背景、技能认证信息、绩效数据等，作为画像的基础静态内容。第二层为数据分析，主要对集成后的数据进行标签化处理，这一步需要用到算法，如通过聚类分析的形式，在无先验知识的情况下，将 E-HR 系统中的数据分为不同种类，令同一类型的元素尽量相似，而不同种类的元素尽量不同，从而形成类别标签，绘制出人才画像。

第二个思路是在获取 E-HR 系统中的个人基本信息后，采用组织网络分析的方式收集其他的、在系统中无法得到体现的潜在特质，并将其标签化。组织网络分析（Organizational Network Analysis，ONA）是一种研究企业通信和社会技术网络的方法。它可以通过工作网络、社交网络中的数据，确定沟通的主体、方向、内容与频率等信息，并在分析后帮助组织鉴定员工在沟通线路中的位置，组织中的各种信息是如何传递的，从而了解员工之间的互动关系、组织中的意见领袖等。正是由于 ONA 具备这些功能，所以它常被用来提升团队间的知识分享与协作效率，识别组织中的领导者，关注交流边缘者从而减少人员流失等。

随着对技术的深入了解，ONA 的应用范围也在不断拓展。其中，被动式 ONA 成为了人才画像绘制的核心理想方法。被动式 ONA 是指社交网络中的数据完全在日常工作或交际中产生，不涉及目的性的数据。如利用员工日常工作生活中的邮件（内容、频率）、日历（备注内容、频率）、电话（沟通方法、沟通时长）、企业社交软件，甚至可穿戴设备来获取数据，并运用算法权重赋值进行分析，形成标签，最终绘制出画像。由于这些数据完全通过日常工作获取，因此其具有较高的客观性，能够真实反映员工的人格特质、能力素质等内容。

> 宇航员在执行任务期间保持精神健康至关重要，可穿戴设备的发展为监控宇航员的精神状态提供了可能。佛罗里达理工学院的研究人员正在开发“智能感知皮肤”（S3）技术，通过在宇航服内安装传感器，可以感受并跟踪宇航员的身体和情绪变化。在传感器数据达到规定数值时，可以触发温度变化，减少或增加曝光量、调节氧气水平以及其他变量来调整宇航员的情绪。

可惜的是，无论是哪种思路，对于绝大多数企业来说，操作起来都比较困难。首先，多数企业的 E-HR 系统并不发达，还停留在手动输入信息的阶段，无法根据业务需要自动获取数据，更别提结合算法对公司内部的人员数据进行深度分析了。其次，ONA 技术需要收集员工在工作场所中的行为数据、内容数据、互动数据和情景数据等，这需要大量的辅助设备，如摄像头、桌面抓捕软件、可穿戴设备等，配套成本较高，在安装后也容易引起员工的反感。最后，即使是能够获取员工日常行为的大数据，以人才画像为目的的 ONA 分析技术也并不成熟，如何对这些数量较多的文本内容进行分析仍是一个巨大的难题。

因此，对于大多数企业来说，完全利用数字化工具绘制人才画像还只是一个理想手段，那么，比较现实且有效的方法是什么呢？我们认为，当前大家都能接受也更具有实践价值的方法，是以综合运用各种人才评价手段为主，信息系统支持为辅。其中，人才评价手段主要获取员工的“动态数据”，即运用观察、心理测验技术和各种补充方法来总结提炼日常行为，从中分析个人的知识、技能、能力等，这些内容会随着教育、培训和工作经验的增长而发生变化。信息系统结合部分人才评价手段收集员工的“静态数据”，如性别、年龄、声音、个性、职业兴趣和价值观等，这些内容相对较为稳定。

基于这种符合企业实际情况的方法，人才画像的内容构成也应该是固定的，主要根据评价的顺序来排列。在本书中，我们将人才画像分为标准人才画像和高潜人才画像，两种画像的侧重点不同，具体内容有所差别，但总体来说，主要包括以下几个方面（如表 1-2 所示）。

表 1-2　标准人才画像与高潜人才画像的内容构成

画像类型	标准人才画像	高潜人才画像
内容构成	基本信息	基本信息
	关键知识与技能	关键知识与技能
	个性与兴趣	个性与兴趣
	基本能力	能力表现
	核心胜任能力	驱动因素
	驱动因素	培养发展建议

1. 基本信息

基本信息包括人才的年龄、性别、婚姻状况、教育背景、工作经验、家庭住址等统计信息，以及声音、穿着习惯、面部特征等直观信息描述，主要来源于档案信息及直接观察。

在标准人才画像中，这部分内容主要是基于对一定数量的绩优人才相关信息的统计分析，并结合企业的实际要求总结形成的。高潜人才画像则是通过对个体的详细调查与观察后直接展示的。

2. 关键知识与技能

关键知识与技能描述的是洋葱模型中知识与技能层面的内容，主要通过档案、任职资格或补充方法中的各种测验（如笔试等）获取。对于标准人才画像来说，每一个职位都需要任职者具备特殊的知识与技能，从而保证工作能够顺利实施。这部分内容需要管理者总结和提炼出绩优人才具备的共性的、与工作密切相关的关键知识与技能。

对于高潜人才来说，需要深入调查任职者当下具备的独特的、与工作密切相关的知识与技能情况。

3. 个性与兴趣

个性是指人们具有的独特的、稳定的心理特征，受先天和后天因素的共同影响。个性难以发生重大改变，一旦形成就会潜移默化地影响着人们长期的行为选择。兴趣与人格一样，也是相对稳定的，主要通过心理测验技术获取。

在标准人才画像中，通过对绩优人才的个性和职业兴趣进行测量与总结，能够发现适合该职位的任职者的特征和兴趣结果。高潜人才画像则是对个人进行详细的测量后，直接得出的内容。

4. 能力表现

能力是顺利完成某种活动所需要具备的条件。在洋葱模型中，能力是广义的，模型的所有内容都属于能力的范畴。但在人才画像中，我们把能力看作是狭义的，是指在一定知识和技能的基础上，能够完成某个目标或者任务的可能性，是知识的转化，也是人顺利完成某个活动必须具备的主观条件。知识和能力是不同的，能力属于更深层次的，与工作相关的认知、改造水平的度量。

能力信息主要通过心理测量和其他补充手段获取（如公文筐测验、角色扮演等）。在标准人才画像中，能力分为基本能力和核心胜任能力，前者是不同职位的任职者必须具备的一些基础能力，如沟通能力、谈判能力和学习能力，后者是能够区分绩优人才和普通员工的关键内容。在高潜人才画像中，能力体现的是人才具备的与工作相关的所有能力。

5. 驱动因素

个人的活动一般来自于三种驱动力，第一种是来自基本生存需要的生物性驱动；第二种是来自外在的动力，即奖罚并存的“胡萝卜 + 大棒”模式；第三种是来自内在的动力，是把一件事情做好的欲望。根据每个人的驱动力不同，个人的活动也会有所区别。

标准人才画像与高潜人才画像都通过心理测量和一些补充方法来获取驱动因素。不同的是，标准人才画像的驱动因素数量较少，而高潜人才画像的驱动因素数量相对较多。

6. 培养发展建议

培养发展建议是高潜人才画像独有的内容。由于高潜人才画像是对人才的合理培养与任用，因此，在全方位了解人才后，管理者就要对他们提出有针对性的发展建议，说明对其的期望与要求。如果能够将人才从“要我发展”转变成“我要发展”，就会更有利于人才的成长。

六、不是所有的职位（人）都有画像

从画像的内容构成可以看出，绘制人才画像是一个周期长、成本高的行为，企业需要消耗大量的人力和财力。如果面临组织结构的调整或者关键人才的变动，也许就需要重新绘制画像。因此，企业并不需要对所有的职位和人才都绘制画像，而是要有计划地挑选对象。

一般来说，标准人才画像的对象有两种。首先是企业的关键职位，它们在经营、管理、技术、生产等方面对企业的生存发展起着重要的作用，与企业战略目标的实现密切相关，因此必须要为关键职位绘制画像，目的是选拔出合适的任职者。根据企业性质与战略的不同，关键职位的覆盖面和重要度排序也不尽相同。关键职位不只包含部门总监等管理层，也包括掌握关键技能的员工层等。企业要根据自身情况，灵活确定哪些是现阶段的关键岗位。

其次是拥有较多任职者的职位，如产品经理、HRBP 等。这些职位广泛分布在各个部门，且在不同部门中的职责比较接近。对这类职位进行画像具有较高的性价比，效果能够触及较多的员工，同时，这类职位大多是企业的基石或者腰部力量，也需要吸收合适的人才。

对于高潜人才画像来说，其绘制的对象也有两种。一种是企业已经发现的人才群体，他们通过各种方式证明了自己的能力，并与职位、团队和组织相匹配，甚至在一段时间内都无法被替代。为了任用和提拔这类人，管理者要为其绘制专有的人才画像。当然，在绘制之前，管理者要提前确定这类人才的重要性和对企业的忠诚度，避免“竹篮打水一场空”。另一种是企业中潜在的人才群体，他们在当下可能并没有获得突出的成就，也可能在某一方面还需要提高，但只要经过适当的培养，他们就能够在一段时间内成为组织需要的人才。管理者对他们进行画像，可以了解这类人才群体能力特征的分布，以及相应的优势与不足，从而对他们进行有针对性的锻炼与任用。

第二章

从职位出发绘制标准人才画像

标准人才画像主要是针对特定职位上的绩优人才群体，对与其工作相关的个人基本信息、个性特征、能力等数据进行收集与分析，提取共性内容并结合企业自身特殊要求绘制而成的。标准人才画像的绘制目的就是描述最适合该职位的人才是什么样的，具备哪些特点，它的形成运用了胜任力模型的构建思路和技巧，最终为招聘、培训等工作提供了重要指导。

一、从任职资格到标准人才画像

标准人才画像与胜任力模型、任职资格之间的联系十分紧密。

任职资格（Qualifications）是指为了保证工作目标的实现，任职者必须具备的基本资格、有效的行为、能力素质等。任职资格具有不同的等级，用于描述每个职位序列、每个职位族中不同等级的员工应该知道什么、能做什么、如何做，以及能够做到什么程度。任职资格等级的高低取决于员工具备的条件与能力水平的高低。只有员工具备更高一级的任职资格，企业管理者才能让其胜任更高一级的职位或工作。表 2-1 所示的是某企业运行监控部经理任职资格。

表 2-1　某企业运行监控部经理任职资格示例

教育程度	计算机相关专业，本科以上学历
工作经验	具备五年及以上专业工作经验，其中含一年及以上管理工作经验
知识	• 精通计算机科学、管理学等知识 • 精通服务器设备软硬件、设备故障判断、网络协议、数据库原理、中间件及后台开发等知识 • 熟悉运行监控部各项管理制度、管理体系、业务运作流程等，了解本公司各项管理制度、管理体系、业务运作流程等
技能	• 熟练使用办公软件，具备良好的外语水平 • 熟练使用 Windows /iOS/Linux/UNIX 等桌面操作系统 • 熟练使用 MySQL、Oralce 数据库 • 熟练使用 Shell/Python/Perl 脚本语言
能力素质	• 具有较强的沟通协调能力、领导能力、计划能力、人才培养能力、分析判断能力、逻辑思维能力、解决问题能力、学习能力 • 具备责任心、严谨、敬业、保密意识、原则性、公平公正等素质

相较于任职资格描述“底层”的基本特征，胜任力模型（Competency Model）的注意力主要集中在“高端”特质上，关注优秀员工的特点。合格的胜任力模型能够将卓越成就者与绩效普通者区分开来，其包含动机、特质、自我形象、态度或价值观、某领域知识、认知或行为技能等任何可以被测量或计数的个体特征。由此可以看出，任职资格与胜任力模型关注的群体不一样，设计的目的也不同。前者需要考虑职位上的所有员工，总结他们都需要的基本素质，后者则针对高绩效员工，关注的是能够胜任此岗位并能带来高绩效的特性。图 2-1 为某机场安检员胜任力模型。

如果从相似性来考虑，标准人才画像与胜任力模型更加接近。从本质上说，胜任力模型是“以岗寻人”，就是通过企业需要的岗位来确定这个岗位需要的人才特质，最终得到的结果是“人岗匹配”。但从实践角度来说，我们总想看到“具体的人”，除了一些特质上的量化标准，还需要一些更生动的具体表现，如穿着、住址等，从“软性 + 硬性”的角度为某个人勾画准确的特质和特征，做到“既闻其声，又见其人”。当人才画像形成后，企业就能实现“以人对人”，确定这个岗位需要的人才形象，最终实现“人人匹配”。

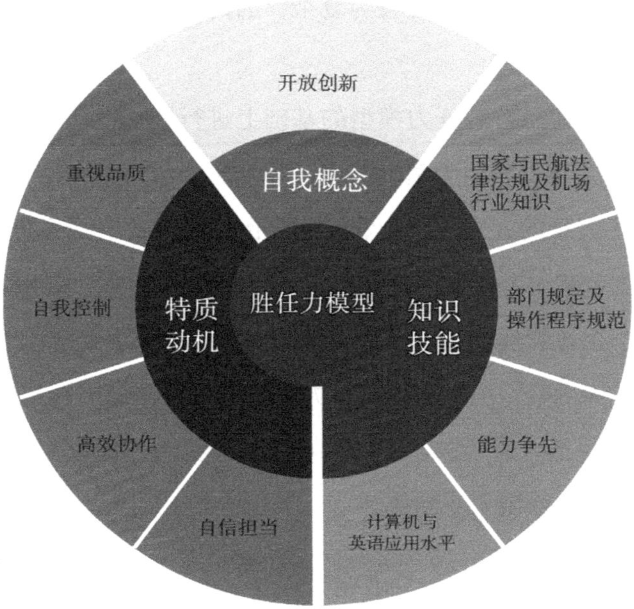

图 2-1　某机场安检员胜任力模型

综上所述，任职资格、胜任力模型和标准人才画像三者之间是从基本到高级，再到全面的转变。当然，人才画像的内容并不是盲目的全面，而是围绕职位要求，提供更丰富的数据标签，做出形象化的表达。

二、绘制画像是从零开始还是基于成果的转化

标准人才画像和胜任力模型有着紧密的联系，可以说，胜任力模型的内容能够作为标准人才画像的一部分。企业管理者可以从以下两个角度绘制标准人才画像。

第一个角度是从零开始进行搭建，主要是以归纳的思路为指导，以任职资格作为起点，综合运用各种工具和方法，形成符合企业特色的标准人才画像。这种建模方式适用于企业内的任何目标职位，具有较高的针对性，在人力资源管理工作中的衍生价值更高。

但是，由于它的资料收集及分析过程较为复杂，因此需要耗费更多的人力、物力，对项目执行者的专业要求也更高。

第二个角度是在企业已有胜任力模型的基础上进行调整，即模型的改造和丰富。这种模式以经过验证的胜任力模型为基础，通过对企业的了解，运用各种工具进行查漏补缺。这种方式节省了大量的人力、物力和时间，因此效率高、成本低，但是，由于这种方式没有经过数据的收集、分析和论证，所以人才画像的针对性及组织特色不够鲜明。

在实际工作中，企业管理者可以综合考虑组织规模、成本要求、胜任力模型的质量、画像的重要性等多方面因素，决定使用哪种方式绘制人才画像。根据岗位重要性的不同，管理者也可以考虑采用不同的办法，例如，对于较为核心的岗位，即使已经有了胜任力模型，也要按照流程重新绘制人才画像。

三、为哪些职位绘制画像

在绘制标准人才画像前，为了确定标准人才画像绘制的职位，企业管理者必须重点审视自己的战略：我们企业的战略是什么？制定并实施战略计划的关键环节有哪些？绘制标准人才画像的需求必定源自于企业的战略，且画像描述的素质内容一定是能够支撑战略有效实施的那些核心素质。并非所有的职位都需要绘制标准人才画像，理清企业战略的目的就是确定企业要为哪些职位绘制画像，保证绘制的对象和内容是企业需要的。具体来说，战略问题可以分为以下几点。

（1）使命与愿景描述。使命定义了企业存在的意义与价值，是企业开展所有活动的根本原因，愿景是对未来发展的憧憬，诠释了企业向往的目标。使命和愿景一旦确定，就是企业的立身之本，因此，标准人才画像的职位一定是有助于企业践行使命、实现愿景的。

（2）环境分析。企业的资源往往是有限的，成功企业的共性特点就是能够对资源进行合理配置，将资源用在“刀刃”上，离不开对内部存量的认识，更需要洞悉市场变化。这就需要企业客观分析自身面临的外部环境，从而明确风险，寻求机会，因此，资源调配离不开具体的人，标准人才画像的职位一定与关键资源的有效利用紧密相关，才能做到让关键的人做关键的事。

（3）总体战略。总体战略处于企业各项战略中的最高层次，是企业经营与发展的总体目标和方针，与外部环境、客户定位、自身能力等因素息息相关，它通常分为防御型战略、进攻型战略、收缩型战略（如表 2-2 所示）。由于总体战略涉及企业的整体协调发展以及经营领域的选择和组合，组织的人才工作一定要与其保持一致。

表 2-2　企业总体战略对组织的要求

总体战略	组织要求
防御型战略： 维持目前存在的市场	• 维持内部稳定 • 有限的环境侦察 • 集中化的控制系统 • 标准化的运作程序
进攻型战略： 持续地寻求新市场； 外部导向； 产品 / 市场的创新者	• 不断地陈述改变 • 广泛的环境侦察 • 分权的控制系统 • 资源配置快速
收缩型战略： 产品市场狭窄； 从市场逐步收缩或撤退； 寻找新市场	• 重新调整企业组织 • 严密及全面的规划 • 集中化的控制系统

（4）竞争战略。竞争战略主要致力于构建业务单元在市场竞争中的优势，在确定主要竞争对手、供应商议价能力、新进入者威胁、买方议价能力和替代产品威胁后，在竞争中做出取舍，在各项运营活动中建议一种配比，主要包括表 2-3 所示的三种形式。竞争战略的执行离不开企业内部系统的价值链工程，如在执行成本领先战略时，标准人才画像的绘制工作也应考虑成本，从而减少绘制的数量，尽量从具有胜任素质模型的职位

出发进行绘制。

表 2-3 企业竞争战略对培训计划的要求

竞争战略	战略强调重点
成本领先战略，企业通过扩大规模、减少开支等途径降低成本，使企业的全部成本低于竞争对手的成本，甚至在同行业中也能保持最低成本，从而获取竞争优势	• 节约开支 • 转产 • 剥离 • 债务清算
差异化战略，也称特色优势战略，可以使企业产品（服务）与竞争对手产品有明显的区别，形成与众不同的特点	• 市场开发 • 产品开发 • 创新产品与服务 • 提高顾客忠诚度
集中战略，也称聚焦战略，是企业或事业部的经营活动集中于某一特定的购买群体、产品线的某一部分或某一地域市场上的一种战略	• 集中特定领域 • 提高市场份额 • 开拓并维持 • 市场定位

（5）职能战略。在企业战略的实施过程中，管理者还需要对目标进行分解，如新产品研发、集成供应链及生产制造、市场营销、财务投资、人力资源等，这就是常说的职能战略。与总体战略和竞争战略相比，职能战略更为详细、具体，并具有可操作性。职能战略就像企业战略、竞争战略与实际达成预期战略目标之间的一座“桥”。各部门可以选出需要绘制的画像的具体职位等级。

四、标准人才画像的绘制流程

标准人才画像的绘制主要应用归纳的思路，即通过面谈、测量等方法，找出目标职位上绩优人才与绩效一般者的不同特征，挖掘并归纳出成为绩优人才所需要的个人素质，进而形成人才画像。标准人才画像的绘制流程如图 2-2 所示。

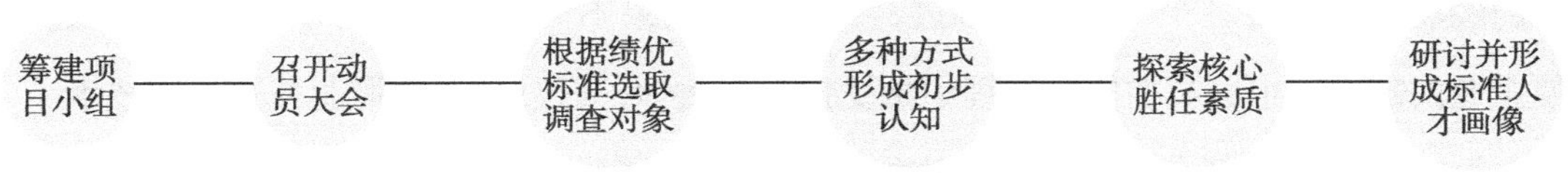

图 2-2　标准人才画像的绘制流程

1. 筹建项目小组

项目小组是人才画像绘制工作的主要执行者。标准人才画像的绘制是一项涉及全公司的系统性工作，工作持续时间长，花费较高，需要企业高层管理者，最好是副总经理或总经理来担任第一责任人。同时，由于画像的绘制涉及多个部门，还需要关键部门的中层管理者加入进来，最后还有人力资源部的人员，项目小组的成员总数以 6~10 人为宜。当然，这里的小组成员指的是全程参与画像绘制工作的成员，不包括访谈对象、参与模型校验的专家等其他参与部分环节的人员。

此外，对小组成员的个人能力素质进行有效搭配，也会对画像绘制的成果产生重大影响。小组成员最好具备画像绘制过程中所需的所有技能，包括访谈记录、心理测验、数据统计等，并且要具有一定的文字功底。若小组成员不具备上述所有技能，就需要对项目成员进行有效搭配，以便各自发挥所长。

企业可以通过两种方式组建项目小组。第一种是企业内部自建，主要由企业人力资源部的员工执行。这种方式的优点在于小组成员对企业自身文化及战略发展的把握更为精准，能够准确理解组织绘制人才画像的目的，同时，他们清楚组织结构及人员情况，能够快速找到合适的对象进行沟通，合理安排工作。但是，在项目开展过程中，被调查者有可能不愿对内部调研人员吐露自己的真实情况，从而导致信息失真。此外，这种方式对人力资源部员工的专业性要求也较高，可能需要提前进行专业培训。

第二种是借助外脑组建混合项目小组。企业管理者可以邀请高校或具备相关业务经验的咨询机构，与企业内部的项目小组成员共同完成项目。外部人员的主要工作在于辅助全流程的制定，以及提供专业的测评和分析支持。这种方式的优点在于能借助外部专家的经验确保项目各个环节顺畅推进，保证实施效果不低于行业平均水平，此外，还能使企业内部的小组成员在实践过程中接受指导、教学，通过项目掌握业务知识和技术。

上述两种方式都有优缺点，具体如何选择，需要企业管理者根据项目的预算、时间周期、紧急程度、覆盖范围、人力资源部的能力素质等因素进行确定。一般来说，混合项目小组的效率更高，结果更加准确。

2. 召开动员大会

标准人才画像的绘制涉及多个职位，以及职位上的多位人才，因此企业需要召开动员大会，要求相关部门配合，让项目小组以外的人员对项目有所了解，使被调查的员工了解绘制人才画像的意义，鼓励员工积极配合，在项目小组收集资料的时候表达真实的意见。

同时，动员大会不仅是为了动员员工，也是为项目小组和公司高管层注入一针“强心剂”，主要目的是逐渐明确项目目标、流程及个人角色分工。一般来说，项目小组的组长主要负责项目进度的把控、人员的协调安排、重要文件的审核及对画像质量的把关；其他成员的职责分工涉及访谈、心理测验、资料收集及整理、结果分析汇总等。除此之外，还要让小组成员明确知晓项目的关键时间节点及验收标准。动员大会上需为小组内部构建沟通平台和沟通机制，便于小组成员之间有效传递信息。构建沟通机制的方式很多，如每周一次的项目例会及项目进展报告会、建立小组沟通群等，目的是让参与人员能经常收到与项目有关的报告。

3. 根据绩优标准选取调查对象

筛选出高绩效人才的前提是确定职位的绩优标准，即用明确的标准来说明什么样的绩效结果是优秀的，什么样的绩效结果是较差的，从而为研究该职业所需的素质提供基础。根据多数企业开展绩效考核工作的经验，有些职位的绩优标准是显而易见的，并且比较客观，容易衡量。例如，销售人员的销售额与利润率、生产人员的劳动生产率与次品率等。

对于大多数职能部门的职位来说，他们的绩优标准就难以抽取了，如人力资源部、综合部等。针对这些部门，一般采用工作分析和专家小组讨论的方法来确定。前者需要使用专业的方法观察、计算、分析出绩优标准，操作起来相对复杂一些，但能够得出科学的结论。后者可以由项目小组对此岗位的任务、责任和绩效标准以及期望优秀人才表现出的胜任特征行为和特点进行讨论，相对来说简便可行，但结论会较为主观。企业可以根据自身的规模、目标、资源等条件选择合适的界定方法。

根据已经确定的绩优标准，项目小组成员需要把职位中的员工分为优秀组和普通组，也就是达到绩优标准的组和没有达到绩优标准的组。区分绩优者与绩效一般者的目的是寻找合适的调查对象，在甄选过程中，绩优者与绩效一般者的比例是 6 : 4。

4. 多种方式形成初步认知

由于被调查者数量较多，跨度较大，项目小组成员不可能对他们都有足够的了解，因此需要高效率地获取初步认知。项目小组成员可以参照以下几种方式。

第一种方式是通过履历分析了解基本信息。

项目小组成员通过观察员工履历能够获取最基本的信息。一般来说，对履历的分析主要集中在人口统计学信息，即性别、出生年月、受教育程度、籍贯住址、工作时间。项目小组需要了解员工个人情况，为后续面谈做好准备。小组成员还可以从这些信息中提炼出关键数据，找出其与绩优结果之间的关系，总结出共同规律，以此作为标准人才画像的内容。

> 项目小组成员在对财务部优秀员工进行履历分析时发现，4 名优秀人才中，3 人籍贯是企业所在的省份，其中 2 人籍贯是企业所在的市。同时，这 4 人中的 2 人的毕业院校也位于企业所在的省份。

> 项目小组由此得出结论，籍贯与受教育地点背后所体现出来的潜在稳定性对于财务部的绩优结果具有一定的影响。同时，这些人对企业所在城市的生活状况、生活方式、思想观念和行为习惯相对比较熟悉，能够减少适应的时间和成本。因此，项目小组将籍贯与受教育地点放入了标准人才画像的内容中。

第二种方式是通过面谈快速获取感性认识。

面谈是获取感性认识的第一步，也是项目小组接触调查对象的早期环节。通过面谈，项目小组既可以运用观察方法对人才的穿着打扮和个性获得初步的感知，也可以通过面谈的态度和配合程度了解对方对人才画像绘制工作的支持程度。综合评判这两方面的信息后，项目小组可以决定是否选取对方作为行为事件访谈的对象。

第三种方式是通过集体心理测验描绘潜在特质。

使用心理测验技术的目的是在短时间内了解所有调查对象的个性、能力和职业兴趣，从而为绘制人才画像和形成后续行为事件访谈的提纲提供资料。绩优组和绩效一般组都需要通过测评，鉴于两组的总人数较多，我们建议采用心理测验中的问卷类测评方式，对所有员工进行集体测验，从而降低企业的画像绘制成本。

当然，在心理测验中，最理想的情况是对所有人的个性、能力和职业兴趣都进行测量，但是出于对成本和目标的考虑，项目小组可能仅仅进行一种或两种测量。在这种情况下，我们建议优先执行人格测验，因为其他测验内容或多或少可以通过别的手段展现，但性格往往处于更深的层次。表 2-4 从成本的角度展示了几种心理测验技术的组合方案，表 2-5 从职位族的角度为测验方法提出了建议，读者在实际操作时可自由组合。

表 2-4 成本角度的心理测验技术组合方案

<table>
<tr><th>方案</th><th>人格测验</th><th>能力测验</th><th>其他</th></tr>
<tr><td rowspan="2">全流程方案 1
（管理职位族）</td><td>CPI 全面个性指标评估</td><td rowspan="2">瑞文标准推理测验 +LEA 领导力有效性测验</td><td rowspan="2">霍兰德职业兴趣测验</td></tr>
<tr><td>16PF+PDP 性格测验</td></tr>
<tr><td rowspan="2">全流程方案 2
（所有职位）</td><td>16PF</td><td rowspan="2">GATB 普通能力倾向成套测验 + 尤金创造力测验</td><td rowspan="2">霍兰德职业兴趣测验</td></tr>
<tr><td>MBTI 人格测评 +DISC 个性测评</td></tr>
<tr><td rowspan="3">全流程方案 3
（所有职位）</td><td>16PF</td><td rowspan="3">GATB 普通能力倾向成套测验</td><td rowspan="3">霍兰德职业兴趣测验</td></tr>
<tr><td>MBTI 人格测评</td></tr>
<tr><td>大五人格测验</td></tr>
<tr><td>简化方案 4
（管理职位族）</td><td>CPI 全面个性指标评估</td><td>瑞文标准推理测验</td><td>霍兰德职业兴趣测验</td></tr>
<tr><td>简化方案 5
（管理职位族）</td><td>PDP 性格测验</td><td>LEA 领导力有效性测验</td><td>无</td></tr>
<tr><td>简化方案 6
（所有职位）</td><td>MBTI 人格测评</td><td>GATB 普通能力倾向成套测验</td><td>霍兰德职业兴趣测验</td></tr>
<tr><td>简化方案 7
（所有职位）</td><td>DISC 个性测评</td><td>文书能力测验</td><td>无</td></tr>
</table>

表 2-5 职位族角度的心理测验技术组合方案

<table>
<tr><th>方案</th><th>人格测验</th><th>能力测验</th><th>其他</th></tr>
<tr><td rowspan="2">管理职位族</td><td>CPI 全面个性指标评估</td><td rowspan="2">瑞文标准推理测验 +LEA 领导力有效性测验</td><td rowspan="2">霍兰德职业兴趣测验</td></tr>
<tr><td>16PF+PDP 性格测验</td></tr>
<tr><td rowspan="3">市场营销职位族</td><td>艾森克人格问卷</td><td rowspan="3">情商量表测验 + 瑞文标准推理测验</td><td rowspan="3">霍兰德职业兴趣测验</td></tr>
<tr><td>16PF</td></tr>
<tr><td>DISC 个性测验</td></tr>
<tr><td rowspan="2">技术研发职位族</td><td>MBTI 人格测评</td><td>韦氏成人智力测验 + 尤金创造力测验</td><td>霍兰德职业兴趣测验</td></tr>
<tr><td>大五人格测验</td><td>瑞文标准推理测验 + 尤金创造力测验</td><td>员工品德测量表</td></tr>
<tr><td>生产制造职位族</td><td>DISC 个性测验</td><td>GATB 普通能力倾向成套测验</td><td>霍兰德职业兴趣测验</td></tr>
</table>

（续表）

方案	人格测验	能力测验	其他
专业事务职位族	MBTI 人格测评	情商量表测验 + 文书能力测验	霍兰德职业兴趣测验
			员工品德测量表
辅助职位族	MBTI 人格测评	情商量表测验 + 文书能力测验	霍兰德职业兴趣测验
			员工品德测量表

第四种方式是问卷与文件获取基本能力。

在上文中我们提到，除了个性之外，其他的画像内容都可以通过测评以外的手段获得，基本能力就是其中的代表。

基本能力是指胜任不同职位族或职系日常工作必须具备的一些基础能力，这些基础能力构成了标准人才画像的浅层部分。例如，管理职位族需要具备领导能力、评估下属的能力、演绎推理能力等，市场营销职位族需要具备谈判能力、抗压能力、人际交往能力、关系建立能力等，技术研发职位族需要具备信息收集能力、归纳分析能力、学习能力等。

由于这些能力对职位来说较为基础，且获取起来并没有太大难度，因此企业不需要花费较高的成本来完成这项工作。出于节约时间和避免错漏项目的考虑，项目小组可以查阅任职资格文件，应用问卷法或能力辞典的方式列举职位所需的基本能力，从而为行为事件访谈中的能力讨论提供访谈方向。

（1）查阅任职资格文件

任职资格是指为了保证工作目标的实现，任职者必须具备的知识、技能、能力等方面的要求，每个职位都有相应的任职资格。在查询基本能力时，我们主要分析任职资格中工作技能、能力要求等方面的表述。

（2）开展问卷调查

问卷调查也是一种常用的方法，用来快速进行大规模调查，从而获取相关信息。我们可以通过线上的方式（如问卷星）来编制问卷，问卷中主要包含“您经常处理的日常事务有哪些？”“您认为从事这项工作需要的基本能力有哪些？”等题目。问卷编制完成后，发放给被调查职位中的所有员工，统一进行填写。问卷回收后，项目小组进行讨论分析。表 2-6 展示了问卷调查中的例题和选项，在操作过程中也可以要求被调查者以填空的方式作答。

表 2-6　基本素质问卷调查例题

1. 您经常处理的日常事务有哪些？
A. 分解、制订、跟进部门重点工作计划 B. 稽核下属绩效指标的完成情况 C. 辅导、培养下属成长，给予资源支持 D. 跨部门协调沟通 E. 了解行业前沿信息，学习新知识技能 F. ……
2. 您认为从事这项工作需要的基本能力有哪些？
A. 执行能力 B. 制度执行能力 C. 沟通能力 D. 谈判能力 E. 学习能力 F.……

（3）查询基本能力辞典

由于职位基本素质得到了广泛的讨论和研究，已经形成了常见基本能力及职位族对应关系（如表 2-7 所示）。项目小组可以对照关系表和职位情况，直接采用头脑风暴的方式，讨论职位所需要的基本能力。

表 2-7　企业常见基本能力及职位族对应关系

基本素质项目	管理职位族	市场营销职位族	科研职位族	生产制造职位族	专业事务职位族	辅助职位族
执行能力	√	√	√	√	√	√
制度执行能力	√	√	√	√	√	√
沟通能力	√	√				
谈判能力		√				
学习能力	√	√	√	√	√	√
适应能力	√	√	√	√	√	√
应变能力	√	√				
抗压能力	√	√				
信息收集能力	√	√	√			
周密思考能力			√			
演绎推理能力	√					
归纳分析能力	√		√			
解决问题能力	√	√	√	√	√	√
人际交往能力			√			
人际理解能力	√		√			
信息分析能力	√	√				
口头表达能力	√	√				
外语说写能力		√	√			
书面表达能力	√					
计算机操作能力	√	√	√	√	√	√
领导能力	√					
评估下属能力	√					
培养下属能力	√					
任务分解能力	√					
任务实施能力	√					

（续表）

基本素质项目	管理职位族	市场营销职位族	科研职位族	生产制造职位族	专业事务职位族	辅助职位族
过程控制能力	√					
跨部门工作能力	√	√	√	√		
决策能力	√					
危机管理能力	√	√				
目标管理能力	√					
计划管理能力	√	√	√	√	√	√
组织协调能力	√	√				
冲突解决能力	√	√				
团队建设能力	√					
文化传播能力	√	√	√	√	√	√

资料来源：水藏玺，向荣，刘洪良 . 胜任力模型开发与应用，北京：中国经济出版社，2019.

基于麦克利兰开发的胜任素质辞典的内容，多家机构设计了基本能力辞典，并将上述基本能力分为 4 个等级进行描述，其中 A–1 级能力水平最低，A+2 级最高，不同的能力等级会通过行为表现出来。项目小组可以通过回想绩优人才在工作中的行为特征，参考分级描述，确认所需的不同基本能力的等级程度。表 2-8 至表 2-10 展示了几种常用的分组描述。

表 2-8　执行能力分级描述

能力名称与定义	等级	行为描述
执行能力：贯彻执行公司、部门管理者交办的工作任务，有效实现目标的能力	A–1	大部分时间能按时完成上级领导交办的各项任务
	A	能利用有效的方法和途径，较圆满地按时完成工作任务
	A+1	经常提前完成工作任务，能主动思考并提出提高工作效率的建议
	A+2	能够充分利用资源，不断创新完成工作任务的方法，并善于总结

表 2-9　学习能力分级描述

能力名称与定义	等级	行为描述
学习能力：通过吸取自己或他人的经验教训、科研成果等，增加学识、提高技能，从而获得有利于未来发展的能力	A–1	很少主动学习新知识、新技能，消极面对企业安排的培训；不愿意向上级或下属请教问题
	A	能主动学习一些新知识、新技能，也能够接受企业安排的培训；愿意向上级请教问题；认为不断学习是职业生涯中重要的一环
	A+1	持续关注新技术、新领域、新知识，并乐于尝试新方法；定期对工作进行阶段性总结；在制订业务发展计划时，会考虑业务内容对员工知识技能要求的变化；当工作内容发生变化时，能够积极主动地弥补自己缺乏的知识与技术；将工作视为重要的学习过程
	A+2	对新技术、新领域保持高度的热情，主张在发展中学习，在学习中发展；能够经常性总结经验

表 2-10　培养下属能力分级描述

能力名称与定义	等级	行为描述
培养下属能力：有培养下属的意愿，关注他们的潜能与可塑性，并在实际工作中帮助其成长	A–1	认为培养储备干部只是人力资源部的工作，对企业内部的培训工作热情不高，从未帮助员工进行职业生涯规划
	A	认识到为企业培养储备干部的重要性；遇到培训的机会，愿意让员工去参加，会为员工的未来作一些考虑，但是帮助员工进行职业生涯规划较少；愿意给下属学习与实践的机会
	A+1	将“为企业的明天培养接班人”视为自己的本职工作；愿意通过自己的努力和帮助，使他人做得更好；给下属提供学习和实践机会，并鼓励他们不要害怕犯错
	A+2	有培养他人的强烈意愿和倾向，鼓励员工与企业一起成长；关注员工的潜质与可塑性，在实际工作中对他们进行有针对性的培养，帮助他们不断成长

5. 行为事件访谈探索核心胜任素质

由于基本能力是所有任职者都必须具备的，因此它并不能作为标准人才画像的核心内容。为了区分哪些是适应这一岗位的真正人才，我们需要进一步挖掘职位的核心胜任素质，这也是标准人才画像的主要内容。

核心胜任素质是一个人能够出色完成工作应具有的内在基本特点。它能够将某一岗位（或组织、文化）上表现优异者与表现一般者区分开，它是动机、特质、自我形象、态度或价值观、某领域的知识、认知或行为技能中任何可以被可靠测量或计数的，并且能显著区分工作中绩效优秀者和绩效一般者的个性特征。对于标准人才画像来说，核心胜任素质描述了什么样的人才是职位需要的。值得注意的是，核心胜任素质不仅需要与职位相匹配，而且需要和企业文化相适应。

行为事件访谈法是测量胜任素质的主要方法。通过有目的、有技巧、系统性地访谈，能够从对方的回答中抽离出有用的信息，帮助做出正确的决策。项目小组通过对绩优及一般员工的访谈，对比分析访谈结论，发现那些能够导致两组人员绩效差异的关键行为特征，继而演绎成为特定职位任职者所必须具备的胜任素质特征。

“行为事件”的意义在于通过访谈者对其职业生涯中某些关键事件的详尽描述，如这项工作是什么，谁参与了这项工作，访谈者是如何做的，为什么这样做，这样做的结果怎样，来挖掘当事人的素质，特别是无法直接观察到的潜在素质，从而对当事人未来的行为及其绩效产生预期。

为什么行为事件访谈法是人才画像的主要方法之一呢？这与它的优点有关。

1. 行为事件访谈法是一种深入的交谈，其不仅描述了行为的结果，并且追寻了产生行为的能力、职业性向、工作价值观等潜在方面的特征，采用这种方法解释素质与行为的驱动关系十分有效。

2. 行为事件访谈法法可以准确、详细地反映受访者处理具体工作任务与问题的过程，有助于区分有效与无效的工作行为，对如何实现并获得高绩效结果具有指引作用。

当然，行为事件访谈法也有一些缺点。

1. 行为事件访谈的流程较长，一次有效的访谈往往要花费 1.5~2 个小时，此外还需要花费更多的时间进行访谈前的准备与访谈后的分析。

2. 行为事件访谈对访谈人员的要求较高，访谈人员必须经过相关的专业培训，必要时要在专家指导下才能通过访谈获得有价值的信息。

3. 行为事件访谈通常集中于具有决定意义的关键事件及个人素质上，可能会忽略一些不太重要但仍与工作有关的信息和特征。

一般来说，开展行为事件访谈主要经历图 2-3 所示的六个步骤。

图 2-3　行为事件访谈法的步骤

（1）访谈准备。在开始访谈之前，项目小组的访谈人员要借助上一阶段获取的内容准备访谈提纲，安排地点并配置相关的录音设备等。在这一阶段，访谈人员不必提前了解被访者绩效水平的高低，这样可以避免预设访谈结果。

（2）访谈内容介绍。与受访者见面后，访谈人员要强调访谈的目的与形式、访谈信息的用途、使用者及保密承诺等。同时，访谈人员可以从目前的工作经历开始进行询问，以探求受访者个人职业生涯目标以及在职业选择时的具体行为。这样做的目的是与受访者形成相互信任及友好的氛围，从而使整个访谈过程轻松愉快，保证信息的全面真实。

（3）梳理工作职责。虽然在准备阶段，访谈人员根据职位说明书已了解了受访者的背景信息，但仍需要进行交谈，从而了解受访者的实际工作内容，包括关键工作行为及与其他职位的工作关系等，从而更全面地了解其工作职责。该步骤可以引导受访者集中、清楚地描述一些具体的事例，从而自然导入对关键事件的追问。

（4）进行访谈。行为事件访谈的核心目的是了解受访者对关键事件的全面详尽的描述，事件的数量以 4~6 个为宜。在该步骤中，访谈人员需要请受访者描述他们在顾客服务、团队合作、危机处理、问题分析等关键事件中遇到的成功和失败的典型事件或案例，特别是他们在事件中的角色与表现以及事件的最终结果等。倾听回答时，访谈人员要应用感性认知的技巧，关注受访者的事实行为，避免假设性、抽象性、倾向性的作答。当受访者无法列举具体事件时，访谈者可以通过列举自己亲身经历的事例或其他受访者列举过的成功事例来引导对方。

> 在要求受访者描述一个完整的行为事件时，访谈人员通常可以借助 STAR 法则来辅助提问。具体包括询问事件发生时的情况（Situation），如“当时的情况怎样？”“有什么人涉及其中？”“周围的情形怎样？”；询问具体的任务（Task），如“你要完成的任务是什么？”“你这样做是出于什么样的考虑？”；询问具体的行为（Action），如“你都采取了什么具体的行动步骤？”“请描述您在整个事件中承担的角色？”；询问事件的结果（Result），如“事件的结果如何？”“产生了什么样的影响？”“您得到了什么样的反馈？”

（5）描述工作所需的素质特征。这一步骤主要有两个目的，第一个目的是对关键事件进行补充，获得一些与素质相关的其他关键事件的信息，避免出现疏漏；第二个目的是通过直接询问受访者本人对工作所需素质的理解与认识，使其感觉受到尊重。

（6）整理资料。访谈结束时，访谈人员首先要感谢受访者的参与，并对谈话内容表示认同。随后，要立刻总结访谈记录，对不够清晰的内容做出说明，以便在之后的访谈中进行完善。需要整理的资料通常包括受访者描述的工作职责，受访者在各种情境中的行为及其结果，任职者应具备的素质，以及素质与关键行为的关系。

（7）主题分析与编码。主题分析是在行为事件访谈后，对访谈内容进行分析，提炼素质的重要方法，其含义通常包括两个方面，一个是基于素质辞典提出的素质分类及相关定义与分级，提炼行为事件访谈中的素质信息，对其进行编码与归类整理的过程；另一个就是在通用素质辞典之外，对访谈过程中新出现的、个性化的素质，进行分析、提炼与概念化，并加入企业素质辞典的过程，主要步骤如下。

①解码与初步分析。项目小组成员采取两两组合的方式开展工作，初步分析行为事件访谈的记录。在这一过程中，每位成员要基于个人的经验与判断，对每一项可能暗示某一素质主题的细节（如字词或段落）进行标注。其中，要着重找出并分析绩优人员与绩效一般人员在处理片断时的反应与行为之间的差异（如图 2-4 所示），识别导致关键行为及其结果的、具有区分性的素质特征，并对其进行层次级别的划分。

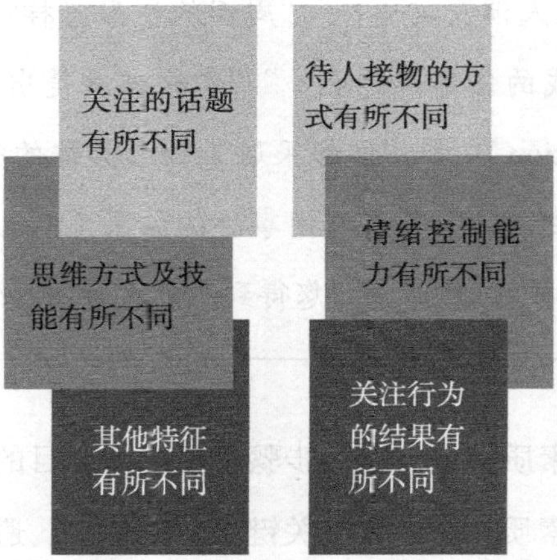

图 2-4　绩优人员与绩效一般人员的差异

例如，作为一名优秀的销售人员更关注的是与客户建立长期稳定的服务关系，如“我现在手上就有一个长期客户，除了公司业务之外，他有其他事情也经常找我帮忙……”；平庸的销售人员则更关注产品知识与销售技巧，如“我希望公司能够经常组织关于销售技巧方面的培训……”。

随后，每对分析人员应交换访谈资料，重复上述方法再次进行独立分析，以免发生遗漏与错误。

②结合素质辞典编制素质代码。素质辞典是素质内容与类别的数据库。美国学者麦克利兰自 1989 年起对 200 多项工作所涉及的素质进行研究，提炼并形成了 360 种行为及其相关的 21 项通用素质要素，划分为 6 个具体的素质族，这构成了素质辞典的基本内容。上文所说的基本能力辞典一般来源于此。当前，多家机构围绕着素质辞典开发了更加全面的版本，如合益公司的分级素质辞典。

在完成第一步的标注后，项目小组应在那些素质辞典中已知的素质要项旁标明代码。素质辞典中尚未列出的素质类型与内容则要由分析人员用自己的语言进行初步归纳与整理，并采用缩略的形式标明，表 2-11 展示了提炼素质代码的过程。

表 2-11　访谈某企业中层管理人员的初步结论

访谈内容	主题分析	可能的素质要项
在治安管理的范围内有自己擅长的领域，就更容易理解其他方面的治安信息，所以要对某一领域的知识钻研得够深	受访者很清楚要学习好某一个知识点，从而提升自身的整体水平	学习能力
“我习惯每天给自己的工作做一个计划，这样就能知道哪些是最重要的，哪些是不太着急的，不会让自己显得很忙乱，对下属也能指挥若定……”	受访者知道要按轻重缓急来安排工作的优先顺序	策略定位
“每次看到下属工作拖沓，迟迟完成不了目标，我就十分生气。但我会先数八个数，待冷静下来再和他们沟通……”	受访者知道要时刻控制自己的情绪	情绪调节能力（辞典无对照）

③小组共同讨论。项目小组共同研讨并逐个论证每个分析人员提炼的素质主题，论证结束后将这些素质主题归类为相应的素质族。在归类时，小组要采用统一的语言形式对每一个素质族与素质要项的定义、内容和级别做出最佳描述与说明。对于那些在素质辞典中找不到的素质，经过小组讨论，或者作为某一已知素质的子项，或者作为补充素质加入企业的素质辞典。

一般来说，所有素质内容都可以划分到6个素质族中：①管理族，包括团队合作、培养人才、监控能力、领导能力等；②认知族，包括演绎思维、归纳思维、专业知识与技能等；③自我概念族，包括自信等；④影响力族，包括影响力、关系建立等；⑤目标与行动族，包括成就导向、主动性、信息收集等；⑥帮助与服务族，包括人际理解力、客户服务等。

每一家公司的现状和发展轨迹都是独特的，因此，即使本公司职位的名称与其他公司一样，具体负责的工作内容和素质要求也会有所差别。这就要求公司不能仅仅使用包含共性素质内容的辞典，而是要在其中加入自身需要的其他内容，形成公司独有的素质辞典，从而更加精准地描述自身所需的素质内容。

④统计分析与检验。从行为事件访谈材料中抽取样本，运用统计学的方法，检验提炼出的素质是否具有代表性、普遍性，即两个或更多的员工在阐述相似的关键事件时是否都体现出了同一类素质。根据统计分析的结果，对素质主题进行修正，形成最终的素质模型。

经过以上流程，我们就描绘出了人才画像中的重要素质内容。表2-12展示了公司在完成对客服部某职位人员的初步认知和行为事件访谈后，形成的能力素质内容。

表2-12　客服部某职位能力素质模型示例

维度	素质要素	等级	能力描述
基本能力	制度执行能力	A+2	能够理解制度内涵，充分利用资源完成工作任务
	学习能力	A	能接受企业安排的培训；愿意向上级请教问题；认为不断学习是职业生涯中重要的一环
	解决问题能力	A+1	能够准确分析重大问题发生的原因，并找到突破口
	计算机操作能力	A+1	能使用计算机进行流利的网上操作，并熟练操作内部信息系统
	文化传播能力	A+1	能够正确把握舆论导向，利用各种途径有意识地向其他人传播

（续表）

维度	素质要素	等级	能力描述
核心胜任素质	同理心	A+2	能够站在客户的角度思考问题，具备同理心；感觉敏锐，能根据客户的语言、表情、肢体动作等了解客户情感，采取客户喜欢的方式与其沟通
	客户导向	A+2	以客户为中心，能够为客户提供较好的服务，使客户满意；关心客户的困难，能够帮助客户解决困难；能够与业务和运营部门合作，开发出满足客户需求的产品和服务
	保密意识	A+1	警惕性高，遵守客户保密协议，不将客户资料泄露给他人或其他机构
	客户管理	A+2	能够与客户建立长期的合作伙伴关系，不断延长客户的生命周期；为了更好地服务客户，能在组织机构、流程制度方面提出改进建议
	情绪安抚	A+2	能够耐心倾听客户的投诉或建议，并与客户共情；能够安抚和稳定客户情绪，使客户情绪趋于平静
	…		……

在访谈中，我们一般首选行为事件访谈法，因为其访谈质量高，信息收集完整详细，可控性强；但是由于一次只能访谈一位，且通常耗时1~2个小时，所以从成本和效率的角度考虑，我们不能只用这一种访谈法。这时可以采用焦点小组访谈法，又称小组座谈法，就是采用小型座谈会的形式，由一名经过训练的主持人以一种无结构、自然的形式与其他参与者交流，从而深入了解有关问题。

焦点小组访谈的组织流程主要有如下五步。

第一步，确定被访谈对象，每组6~8人。

第二步，预约访谈。焦点小组访谈需要对多个人的时间进行协调，因此，在此之前访谈者需要通过电话或电子邮件的方式预约受访者的时间、访谈地点、访谈目的及注意事项等。通常我们会附上“访谈邀请函”来预约访谈，特别是对级别较高的受访对象。

第三步，准备访谈大纲或 PPT。焦点小组访谈的提纲内容包括项目背景介绍、胜任素质的概念介绍、工作职能聚焦、工作典型事件等。

第四步，实施访谈。焦点小组讨论对主持人的要求比较高，主持人需要引导访谈围绕典型事例的分享展开，能够控制场面，防止讨论会变成抱怨会，还要在讨论的节点上进行及时总结，使讨论回到素质指标上来。这就要求主持人具备娴熟的访谈技巧，既要围绕访谈提纲展开，又不被提纲束缚，使访谈双方能够擦出思维的火花，从而获取丰富的甚至是意想不到的信息。

第五步，整理访谈记录。通过访谈可以收集大量的信息，访谈者需要从中提炼出与胜任素质相关的指标，这与行为事件访谈法的第七步相同。

6. 研讨并形成标准人才画像

在完成了对人才的初步认知和行为事件访谈后，项目小组就已经获取了绘制标准人才画像所需的大部分信息，这时就需要通过研讨来输出画像的初始版本了。

研讨是形成标准人才画像的关键步骤，一些企业的人才画像绘制不出来，或者绘制出来不能有效落地，主要原因就是这个画像不是研讨形成的，没有考虑他人的意见。因此，我们希望在 1~2 天的时间内，邀请被绘制职位或层级相关的绩优员工代表、员工的上级代表及部分高管人员参会，通过一系列流程，引导参与者共同创作人才画像的初稿。

多方参与研讨会，代表着画像是由所有的利益相关方共同商讨形成的，是经过大家充分讨论和质疑及纠偏共创出来的，而不仅仅是项目小组的意见，这样就保证了企业在使用画像的时候，这些利益相关方不会质疑或不认可。此外，研讨时，通常需要引导绩优员工代表和他的上级代表（有时还会邀请高管）对他们的角色定位和关键工作任务进行讨论。有趣的是，员工代表和他们的上一层级代表关于这个岗位或层级的角色定位和关键工作任务的理解有时会不一致。正所谓：“你以为他知道，他以为你知道。”所以，组织研讨会的另一个目的是引导大家纠偏直至一致认可，因为角色定位和关键工作任务对于画像的建立具有指导作用。

研讨会的流程一般包括以下三步。

第一步是了解画像的破冰活动。

由于参会成员来自不同部门、不同层级，他们彼此是陌生的，甚至存在距离感。如果这种陌生感持续下去，就会影响研讨的质量，参会成员很难做到畅所欲言。因此在研讨会的开始阶段，我们要设计活动来破冰暖场。同时，并非所有人员都了解人才画像的概念，如果他们不知道画像的内容，不了解画像的作用，后期的研讨就缺乏了目标。因此，破冰活动的另一个目的就是让大家了解人才画像，明确研讨目标。

首先，主持人要安排参会者写出自己的个性特征、能力素质、技能水平等，对自身做出初步评价。然后，参会者为身旁的人绘制一幅外观的图像，并在图像旁写出自己认为他具备的个性特征、能力情况。在这一过程中，双方可以进行交谈，从而获得更多的信息。在两人全部绘制完毕后，彼此交换绘制的内容，并进行解释。

游戏结束后，主持人开始介绍这次研讨的目的和背景，说明标准人才画像的内容和作用，时间控制在半个小时之内。随后，主持人或各部门的领导者说明人才画像对个人和团队的绩效有什么帮助？参会者参加这次研讨会的好处是什么？只有让参会者充分了解此次研讨会对个人的益处，他才会全身心投入。

第二步是现场进行访谈。

这个环节的访谈是让参会者互相交流，从而进行一些必要的信息输入（如关键工作任务、关键行为等）。如果没有访谈，参会者就缺乏第一手信息，对需要选出的能力项和书写行为标准的理解也会五花八门，不能输出真正匹配公司战略和文化要求的内容。

研讨会现场的访谈时间一般较短，主持人当场提问，不同层级的代表进行回答，提问包括以下三部分。

①绩优员工代表访谈，主要目的是收集他人成为绩优员工的关键事件和关键行为。访谈问题可以包括“本岗位的工作做了多久？觉得得心应手、有点压力，还是压力很大？”“你的时间、精力分配在哪些工作上？各占多少比例？”“工作上让你觉得很有成就感的事件是什么？”“工作上面临的挑战有哪些？”

②上级代表访谈（即绩优员工的直接领导），主要访谈内容是了解被调查人员的直接领导如何判断何为绩优员工，他们会根据什么样的行为标准来提拔下属。访谈问题包括“从公司1~3年的战略重点看，你对下属的期待是什么？”“你对这些下属的整体评价如何？目前这些人才的优势在哪儿？不足在哪儿？”

③战略和文化访谈，这部分可以请战略部和负责企业文化的人员来分享公司1~3年的战略及公司文化价值观的精髓，让基层员工了解公司战略和文化对他们的要求。

第三步是画像内容输出。

画像内容输出是研讨会中最重要的环节，即对标准人才画像中的内容形成共识，并输出画像。在之前，我们通过心理测验、问卷、行为事件访谈法等方式，获取了人才画像所需的大部分内容。在这一阶段，我们需要让参会者对这些内容进行讨论，并达成一致，输出职位的标准人才画像。

首先，我们将总结出的基本信息的共性特点和基本能力列出，让参会者进行讨论，判断这些基本内容是否可以准确概括绩优人员的基本特征，内容是否完整，表述是否准确，如果不完整需要添加哪些内容？如果表述出现歧义应该如何修改。由于这些内容属于底层共识，因此这一阶段不需要花费太多时间。

其次，我们通过卡片的方式，展示出之前收集的核心胜任素质内容（现场给每位参会者发放一套卡片），并让他们从中选出三分之一的指标作为“最重要”的内容，三分之一的指标作为“一般重要”的内容，三分之一的指标作为“不太重要”的内容。如果最开始收集到36个胜任素质，就要求大家选出12个作为“最重要”的素质。注意，这里一定要强制分布，只能各选出三分之一。选择结束后，通过投票的方式，列出“最重要”的胜任素质。参会者对这些素质做出一致性讨论，当然，大家也可以提出新的核心素质内容，但无论如何，一定要让所有参会者形成共识，总结出12个“最重要”的素质内容。

为了更好地引导参会者说出自己的想法，一般来说，主持人需要通过提问的方式让大家进行思考，如“你为什么选这12项呢”“你觉得其他素质有哪些问题”。当然，现场也会有参会者问：“为什么选这个能力，不选那个能力？我认为这个能力很重要啊。只有12项能力太少了，应该再加一些。”这时，我们需要及时做出回应，如强调角色定位与关键工作任务，引导大家再来对标职位的关键工作任务，看看这些能力是不是最重要的。

在确定了第一版的核心胜任素质后，我们需要对其进行精简，毕竟12项的内容偏多。一般来说，标准人才画像中的胜任素质应该保持在5~9项，因为从认知角度上讲，人的记忆广度是5~9个。这时，我们要引导参会者开展进一步的讨论，可以继续应用投票表决的方式完成这一步骤。

最后，就要产出能力行为描述与行为等级了，即引导大家对每一项素质表现出的行为进行分级和描述。具体包括核心胜任素质的定义，每项素质可分为几级，以及不同级别的代表应有哪些。当然，如果这些素质能够在辞典中找到，就可以跳过定义阶段，直接讨论应该选择为哪一级。如果胜任素质是独有的，就需要给参会者讲解一下定义和分级的原则与方法，同时展示一些公司（最好是同行业的公司）写得比较好的行为描述的示例。在对所有的核心素质分类和描述结束后，标准人才画像就初步形成了。表2-13展示了客服部某职位标准人才画像的示例。

表 2-13　客服部某职位标准人才画像示例

构成	标签	描述说明
基本信息	女性	**性别：**绩优员工多为女性，表现出更好的工作结果
	27 岁 ~35 岁	**年龄：**27 岁 ~35 岁为最佳，处于职业上升期
	省内教育经历	**学历及院校：**大专或本科，在本省有过教育经历
	4 年及以上工作经验	**工作经历：**至少 3 年相关从业经历，包含半年以上大型公司从业经历
	声音柔和	**语音：**声音柔和，语速适中，普通话较为标准
	工作稳定	**跳槽频率：**非频繁跳槽，最多为“三年两跳”的频率
	着装简洁	**着装风格：**喜欢颜色素雅、款式简洁的着装风格
个性与兴趣	外向、精明能干	**个性特征：**MBTI 中包含外倾型和思考，16PF 中具备较高的乐群性
	乐于助人	**职业兴趣：**霍兰德职业兴趣中包含社会型
关键技能	沟通话术	熟练掌握公司培训的沟通话术，并能够运用在工作中
	内部信息系统操作	能够熟练操作公司的内部信息系统，可以根据需求快速调用相关资源
基本能力	制度执行能力 A+2	能够理解制度内涵，充分利用资源，完成工作任务
	学习能力 A	能够接受企业安排的培训；愿意向上级请教问题；认为不断学习是职业生涯中重要的一环
	解决问题能力 A+1	能够准确分析重大问题发生的原因，并找到突破口
	计算机操作能力 A+1	能熟练使用计算机进行网上操作，并熟练操作内部信息系统
核心胜任能力	同理心 A+2	能够站在客户的角度思考问题；感觉敏锐，能根据客户的语言、表情、肢体动作等了解客户情感，运用客户喜欢的方式与其沟通
	客户导向 A+2	以客户为中心，能够为客户提供较好的服务，使客户满意；关心客户的困难，并帮助客户解决困难；能够与业务和运营部门合作，开发出满足客户需求的产品和服务
	保密意识 A+1	警惕性高，遵守客户保密协议，不将客户资料泄露给他人或其他机构
	客户管理 A+2	能够与客户建立长期的合作伙伴关系，不断延长客户的生命周期；为了更好地服务客户，能在组织机构、流程制度方面提出改进建议
	情绪安抚 A+2	能够耐心倾听客户的投诉或建议；能够安抚和稳定客户情绪，使客户情绪趋于平静

（续表）

构成	标签	描述说明
驱动因素	薪酬激励	对薪酬有较高的敏感性，希望获得合理的薪资报酬
	在沟通中收获快乐	认为自身适合沟通，能够在处理问题的过程中收获快乐

五、验证与补充确定画像内容

在初步形成画像后，需要对其进行验证。由于绘制标准人才画像的最终目的是应用，因此，画像需要具备较高的表面效度和预测效度，这就是我们需要检验的内容。

表面效度要求标准人才画像所描述的内容对于从事该项工作的人来说，是有意义的。因此，画像内容是与工作相关的、与工作环境相符的、能够被人们理解的。与工作相关是因为人才画像为从事该项工作的员工提供了绩优的行为标准；与工作环境相符是要求画像在现有的工作环境中是切实可行的，否则构建的模型就可能无法落地实施；对企业员工来说便于理解，是因为许多员工并不具备心理学和人力资源管理方面的知识，所以画像中不要使用不易理解的术语。由于画像的形成经历过共同的研讨，因此可以认为表面效度较高，不需要进一步的验证。

预测效度是指标准人才画像是能够预测绩效的，因此其描述的内容必须是从事该项工作的优秀员工展现出来的。这一预测指标在之前的环节中没有涉及，因此需要在这一阶段进行重点检验。

对预测效度的检验主要是采用360度评估反馈，从员工本人、上级、下级（如果有）乃至客户等多个角度对画像进行评估。这就需要将画像中的指标转化为调查问卷，并发放给员工及周围的人。如果问卷调查结果与实际的绩效情况相符，则问卷是有效的，否则就要进行修改。对预测效度进行检验的主要流程如下。

1. 编写 360 度调查问卷

360 度调查问卷的编写需要基于标准人才画像，问卷中的问题最好以行为描述的方式呈现。人的想法是难以直接观察到的，行为则可以通过观察获得，因此，问题要采用行为描述的方式呈现。我们在数据收集的过程中已经获得了不少的行为特征，我们构建的画像描述也采用了行为描述，这些都可以成为编写问卷的来源。表 2-14 展示了问卷题目。

表 2-14　360 度调查问卷题目示例

1. 除了工作服外，被调查者最常穿的服装风格是（　），最不常穿的服装风格是（　）
A. 颜色淡雅，给人一种温柔婉约的感觉
B. 颜色鲜艳，给人一种充满活力的感觉
C. 以黑白灰为主，给人一种距离感
D. 与工作服类型大体相似
2. 在以身作则方面（即对自己高标准、严要求，时刻保持言行一致，力求成为他人的表率），其以下的描述中，被调查者日常工作的表现中体现最明显的一项是（　），体现最不明显的一项是（　）
A. 言行一致，要求员工做到的，自己先带头做到，用实际行动兑现说过的话
B. 工作认真负责，遵守相关规范
C. 要求自己和员工追求最高标准，并以自己为榜样和模范
D. 对团队有着较高的要求，但有时自己做不到

2. 发放 360 度调查问卷

在发放前，我们需要对员工的绩效等级进行判断。判断的标准与我们在项目一开始确定的绩效标准一致。进行调查时，评价人数必须有一定的限制，一般每一层级的评价者至少 2 人。每一位被评价者须保证至少有 6 位评价者。参与评价的人员无论是由被评价者自己选择还是由上级指定，都应该遵循一个原则，即与被评价者有较为密切的工作联系，熟悉被评价者的日常工作行为表现。为了使评价者更为客观、准确地做出评价，可以在评价实施前指导参与评价的人员如何向他人提供反馈和评估，并让他们了解公司进行360度调查的目的。

3. 分析问卷数据

我们可以从两个方面来分析360度调查问卷的数据，一方面是相关性，即看我们给出的画像内容是否与绩效相关，另一方面则是差异性，即看绩效水平高的群体与绩效水平低的群体间的得分是否存在显著差异。如果相关性较强且差异性较大，则说明人才画像的预测性较好。如果出现了相关性较弱的现象，一方面可能是调查问卷设置的原因，如行为描述不够明确，另一方面可能是绩效标准的设置有问题，我们要对问卷或绩效标准进行调整。因此，在条件允许的情况下，最好有小范围的预调查，以便尽快发现问题、解决问题。

4. 完成标准人才画像

在对数据进行分析后，我们需要删除不能有效预测绩效的指标，有必要的话就再添加一些内容。值得注意的是，无论是删除还是补充，所涉及的内容都不应超过画像总内容的20%，否则就证明画像的预测效度较低，需要再次运用研讨的方式重塑画像。

调整结束后，最终版本的标准人才画像就完成了。这时，我们要考虑对画像进行宣导，寻求其他人的认可和支持，并推广应用到相关工作中。当然，标准人才画像的绘制不是一劳永逸的，虽然其较为稳定，但还需要对其进行持续的关注与更新，从而保证它能够长期发挥作用。

六、标准人才画像在企业中的应用

在标准人才画像绘制完成后，要将其应用在组织的管理工作中，并随着组织发展和岗位要求的变化对其进行调整与修改。从组织层面来说，标准人才画像为企业评价人才提供了统一的标尺、一致的人才语言，使企业可以做到“选人有标准、用人有依据、育人有方向、留人有目标”，具体来讲包括以下四个方面的应用。

1. 指导精准招聘与甄选人才

招对的人，做对的事。对于企业来说，只有找到合适的人才，各项业务才能顺利开展，对于人力资源管理工作来说，只要实现精准招聘，后续工作也可能会达到事半功倍的效果。可惜的是，多数企业在招聘时“满心欢喜”，但是在员工入职并工作一段时间后，才发现“所托非人”，这主要是因为招聘标准不够清晰。

招聘标准不清晰首先表现为标准过于简单，主要关注知识、技能等洋葱模型外围的因素，仅以个人的硬性条件，即高校背景、笔试成绩、年龄限制、工作年限、工作经验等作为人才甄选的标准。这一方面会让企业“看走眼”，招到履历较好但工作能力较差的员工；另一方面，对硬性条件的要求过高会使得可选之人凤毛麟角，同时，满足条件且具备能力支持的人往往追求更有吸引力的薪酬和发展机会，这就会增加企业的用人成本。其实，只关注简单的硬性条件就是在招聘时的偷懒行为，看似候选人的经验、技能等可以拿来即用，实际上在用人时企业需要付出更高的代价。

其次，有些企业在招聘时走入了另一个极端，即招聘要求过于复杂，标准多而全，希望招到“十八般武艺样样精通”的人才。企业想在人才获取时一步到位并没有错，但满足各种要求的精英毕竟是少数，这会让很多实际上能够满足职位需要的人望而却步。同时，要求过多也就意味着很多指标已经与职位关联不大，这也可能会使招聘到的人并不能胜任工作。

> 某公司的信息管理部刚刚有一名网络宣传员工离职了，部门急需招聘一名能力优秀的候选人。同时，公司内部常有篮球友谊赛，部门主任也希望新的员工能够具有一定的篮球运动水平，帮助部门在比赛中冲击名次。此外，信息管理部的大多数人都沉默少言，沟通较少，副主任希望借此机会招到一名能够活

跃内部气氛的员工。在了解这些需求后，人力资源部发布了以下招聘公告。

教育水平：本科及以上学历

专业知识：工商管理、企业管理、传媒、新闻、广告等相关专业

年龄经验：1 年及以上

能力素质：熟练使用 Word、PowerPoint、Excel 等相关办公软件，工作积极主动、细心，责任心强；性格开朗，亲和力好，善于沟通、协调；计划性和执行力强，具有较强的文字编辑能力和语言表达能力。

其他要求：具备一定的运动基础，喜欢打篮球

招聘公告发出去后，报名者寥寥无几，信息管理部不得不与人力资源部商议，降低招聘要求。

最后，标准不统一也是企业在甄选人才时经常出现的重要问题。由于缺乏明确的标准，人力资源部和业务部门的主管可能会对相同职位有不同的理解，导致面试评价结论相去甚远。这种标准的不统一会大幅降低招聘效率，除非一方能够说服另一方，否则岗位可能一直处于空缺状态。

对于多数企业来说，解决标准不清晰的方法主要是设计任职资格，使各层级领导、用人部门及人力资源部都能使用统一标准。然而，任职资格细化到具体的岗位，在岗位层级较多时，区分性较差，且多为浅层的要求。部分企业则设计了胜任力模型，想甄选出优秀人才。但模型的内容较为抽象，不同的面试官可能会有不一致的理解，这又导致了标准的不统一。这时，标准人才画像就解决了精准招聘的问题。针对核心职位，它一方面提供了直观的、表层的绩优人才特征，另一方面又说明了深层次的，与工作中绩优

行为息息相关的核心特质，列出了标准层次适中、理解一致的聘用标准，实现了人才的批量化复制，达到良将如潮、人才辈出的目的。

2. 协助培训需求分析

企业的长远发展离不开员工的成长。对于优秀企业来说，培训工作一直都是重要内容，从新员工入职培训到基层员工技能培训，再到中高层管理者领导力培训都有覆盖。

从人才培训的整体流程来看，培训需求的确定为培训工作指明了方向，只有方向对了才能谈得上有效。所以，企业在开展培训时，通常第一步都是确定培训需求。需求是企业预期应该发生的情况与实际情况之间的差距，企业对人才的能力水平提出的要求是“理想状态”，员工目前的实际水平为“现实状态”，两者之间的差距就是“状态缺口”。组织要缩小这种“缺口”，就形成了人才培训的需求。

培训需求来自多个方面，包括绩效问题、新技术的应用、法规和制度的变更、基本技能的欠缺、客户偏好和要求的变化、新的工作要求等。然而，并非所有问题都能通过培训来解决。一般来说，知识、技能、能力等方面的欠缺可以通过培训来弥补，但其他需求则要通过购买新设备、改善工作环境、重新设计薪酬机制等方式来解决。图 2-5 简要展示了人才培训需求分析模型。

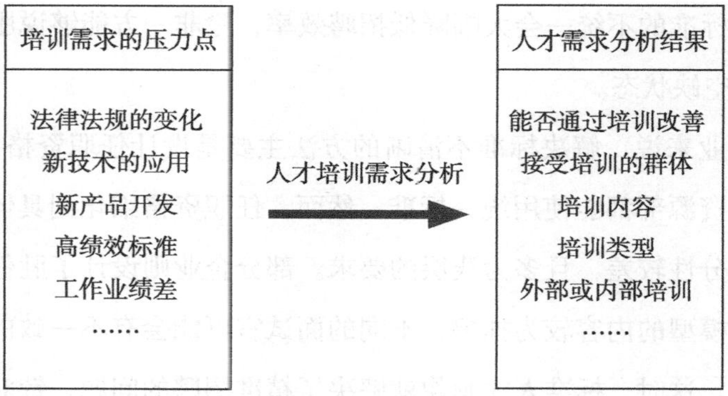

图 2-5　人才培训需求分析模型

标准人才画像主要回答了培训的群体有哪些，培训的内容应该包括什么等问题。具体来说，人才画像是岗位中绩优人才的画像，是人才培养的最终目标。通过对比员工现阶段特征与标准人才画像的描述，能够迅速发现员工能力与优秀标准之间的差距，确定应该接受培训的对象，并且为其设置有针对性的培训内容。

对于个人来说，标准人才画像为个人成长提供了清晰的方向，每位员工都可以与标准人才画像中的内容做比较，认清差距、明确方向、不断学习。同时，为了提升员工参加培训和自我学习的积极性，企业也可以结合画像内容、学习资源与职业生涯发展情况，设计学习地图，让每位员工都能明确发展路径以及能力提升所带来的益处。

学习地图是组织基于岗位能力提升要求而设计的员工胜任学习路径图，也是每位员工实现其职业生涯规划的学习路径图和全员学习规划蓝图。通过学习地图，每个人可以找到从一名基层员工直至成为公司高级管理者/专业技术人才的学习发展路径。

通常，学习地图会针对不同的专业/管理序列设计不同线条的学习路径，如专业线条学习路径和管理线条学习路径，并针对不同的岗位序列的能力要求设计不同的学习内容和课程（如图2-6所示）。在学习内容上，学习地图针对不同层级、不同岗位序列设置了两种主要的培训内容，即晋级包和轮岗包。晋级包是指员工在职业通道纵向发展方面的学习包，当员工的职业发展走向更高层级的岗位或能力认证时，为员工提供晋级学习与发展课程；轮岗包是指员工在职业通道横向转换时的轮岗学习包，当员工在不同的岗位序列甚至专业/管理线条之间发生横向变迁时，为其提供转换目标所必需的学习和发展内容，让员工在较短的时间内快速掌握新岗位的工作内容。同时，在学习方式上，学习地图会综合考量学习的效益和成本，结合成人学习的特点，针对不同对象、不同能力提升项设计多种学习手段，形成混合式学习方式，保证学习活动的有效性。

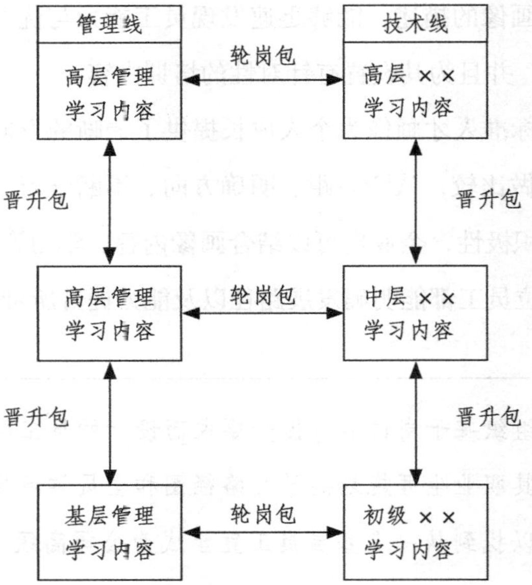

图 2-6 学习地图示意图

标准人才画像为人才培养和个人职业发展提供了方向。然而，人才画像虽然全方位描述了优秀人才的特征，但并非所有的内容都能通过培训得到弥补。同时，对一些深层次能力的提升需要组织采取长周期的培训计划，这可能会导致培训投入远高于产出。因此，企业在应用人才画像时要对其进行综合考量。

3. 为绩效考核提供能力指标

在日益激烈的竞争环境中，决定一个企业生存与发展的最重要的因素就是业绩表现，或称绩效，越来越多的企业将绩效视为企业管理中最核心的环节之一，建立并不断完善绩效管理体系。随着理论研究与实践的推进，绩效管理中的绩效考核工具得到了长足发展，并被广泛应用在企业的日常管理中。

从时间上来看，企业的绩效考核共经历了四个发展阶段：第一阶段是考勤阶段，考核重点为员工的日常表现、工作纪律；第二阶段为目标管理阶段，考核重点为部门与员工的工作计划和工作职责；第三阶段为关键绩效指标考核阶段，主要通过为考核对象设置关键绩效指标（KPI）来进行评估；第四阶段为关键绩效指标与关键能力指标相结合阶段，即除了对 KPI 进行考核之外，还对 KCI（人力资源管理胜任力）进行考核。

当前，大多数企业都处于第三阶段。从实际经验来看，以计划体系为基础的 KPI 考核迫使考核者与被考核者都要以结果为重，重实效、重实绩，但常忽视“过程”，或过于侧重“结果”，这使得 KPI 考核带有一定的片面性。KCI 的考核注重对过程的考察，尤其是对能够实现绩效的能力的考察，这会引导企业注重个人的全面发展和团体协作。前者是对“事”的考核，强调“做事”，而后者更重视“人”的存在，是对“人”的认可。后者无疑是更加人性化的管理工具。

那么 KCI 的考核指标从哪里来呢？标准人才画像提供了足够的备选内容。基于画像中的基本能力和核心胜任能力，企业可以为员工的考核设置相应的指标，同时根据重要程度的不同，指标权重也会相应发生倾斜，从而实现对过程的考察。

虽然 KCI 考核有一些优点，但它并不能完全替代 KPI。KPI 主要与工资、奖金挂钩，即与利益分配挂钩。如每月进行的业绩考核应当与浮动工资、月奖金挂钩，这样才能体现多劳多得的公平原则。KCI 主要与人员任用、干部提拔挂钩。人员任用、干部提拔不但要看有关人员的“业绩”，而且要以素质考评为依据，不能以业绩作为唯一依据，业务能力强不等于管理能力强，业务员不能因其业绩好就当经理。KPI 偏重于解决薪酬的公平性，而 KCI 偏重于如何用好人，两者各有侧重，只有将业绩考核和素质考评结合起来，才能全面统筹好薪酬与职称的关系。

对创新业绩的考察就是KPI与KCI结合的一个典型案例，它是有效评价一个企业长期经营效果的早期预警信号。一个企业停止了创新，或者创新能力下降了，就意味着它已经走上了下坡路，而且是在财务数据上显出苗头以前就已经发生了，此刻再来纠正就为时已晚了。

美国西尔斯罗巴克公司的情况最为典型。在长达60多年的时间里，无论用什么标准看它都是成功的典范，但它仍出现了大问题，用了很长时间才得以恢复。这家公司在20世纪70年代创新业绩明显减弱，直到15年以后才显露出真相，管理者如果能够提早关注到创新能力，危险就可以很早被发现了。

有关创新业绩这个指标并没有标准的答案。虽然问题对所有行业和企业都一样，但是答案在每种情况下都不同。

创新业绩的一个指标是创新率，即不超过3~5年的产品或服务的销售额占有多少百分比。正确的数据必须按照具体个案决定，但不应低于10%，如果超过了30%，那么一般对中长期的收益会带来负面影响。

创新业绩的另一个指标是成功启动一个新项目与项目失败之比，还有投放到市场的时间，即从出现想法到新产品投放市场的时间。这些指标必须进行时间的比较以及和竞争对手的比较。

创新业绩不仅涉及与市场有关的创新，要评价一家企业是否创新不足或者创新过多，还必须“衡量”和关注这家企业内部的创新能力，或者员工的创新能力。内部创新不足意味着企业在慢慢僵化、没落；创新过多则意味着企业过于急躁、不稳定、过激、忙乱和不注重实效。

4. 引导建立“能力库”与薪酬体系

能力库是企业认为员工需要具备的素质的集合。建立符合组织战略发展所需要的能力库，对于组织战略目标的实现非常重要。在能力库中不但定义了符合组织战略发展所需要的知识、技能等内容，而且定义了人才所必需的核心能力和应有的价值观。能力库的内容越全面，与组织发展的逻辑关系越紧密，企业就越能够敏捷应对外部变化，及时调整方向，获得内部支持。

标准人才画像对重要职位在知识技能、个性、能力上的描述为企业能力库的建设提供了素材。将这些内容进行合并、排序、组合，能够形成符合企业战略的、独特的能力库内容。

此外，建立能力库也能够帮助企业建立基于能力的薪酬体系。传统的薪酬管理方式主要基于员工的工作性质、工作年限以及同一组织或行业不同员工工资之间的关系等信息。在实施薪酬管理的过程中，企业需要在外部竞争性和内部公平性之间进行权衡，即通过考虑外部劳动力市场的供求状况和薪酬水平来确保企业整体薪酬是有竞争力的；通过评估各类职务、各个岗位对组织的相对价值来保持内部公平性，并根据员工的工作业绩确定个人的薪酬范围。

然而，随着个体能力不断的精细化，组织结构弹性化和扁平化的发展，仅根据业绩，即过分强调员工过去的绩效来发放薪酬而忽略能够创造未来绩效、增强企业核心竞争力的个人素质，已难以提升员工的工作满意度，因此，基于能力的薪酬体系逐渐被优秀企业的人力资源部所引用。

在这种新的体系中，支付薪酬的依据是能力库中的内容，即员工的知识、技能、核心胜任能力等，薪酬增长取决于他们的素质提高和每一种新素质的获得。这种薪酬体系的设置实现了能力与报酬的匹配，使得薪酬像一根指挥棒，指引着员工努力学习和提升企业所需要的各种能力，提高企业的人力资源整体水平。

第三章

运用人本思维绘制高潜人才画像

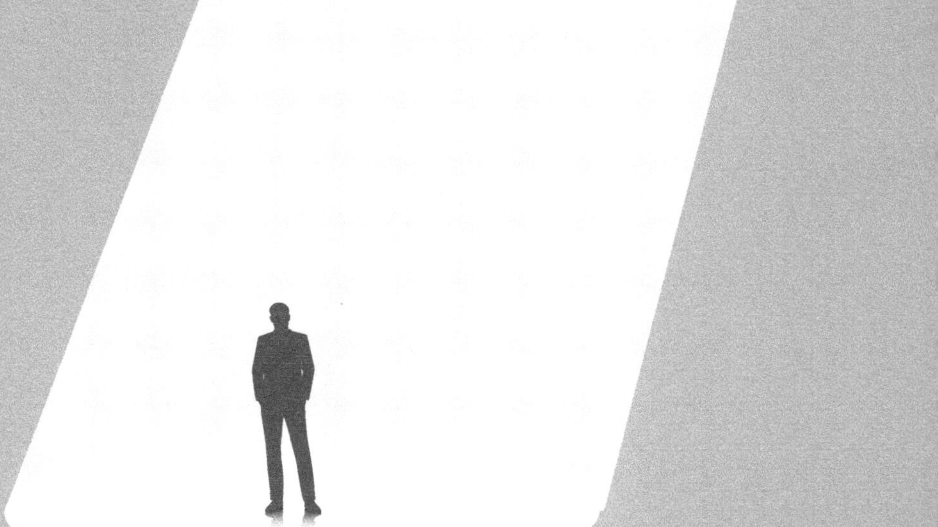

如果说标准人才画像是以职位为核心，那么高潜人才画像则是以人为对象，其并不关注特定岗位所需要的能力特征，而是通过对个人的长期观察和工具测量，形成建立在真实数据之上的、多维度的综合人才评价。高潜人才画像重在应用，它的出现在一定程度上解决了组织重视结果绩效、轻视过程绩效、忽视潜在绩效的问题。

一、重金打造的画像

如果说标准人才画像是企业运营的必填项，是做好高品质人力资源管理工作的重要工具，那么高潜人才画像就是加分项，是对有助于企业实现跨越式发展的个别人才的重视与培养。由于每一幅高潜人才画像只适用于一个具体的人，因此从成本收益比来说，高潜人才画像可以说是重金打造的产物。这就要求企业在开始绘制前，对工作的必要性进行分析，确定是否要开展这项工作，什么时间开展，打算投入多少成本。

著名管理学家彼得·德鲁克（Peter Drucker）提出过制定决策的三个原则：

需要采取行动——如果不采取行动，情况就会严重恶化或丧失机会；

不需采取行动——可以理性（非盲目乐观）地期望情况能够好转或已经准备好把握

机会的行动方案；

需进一步调查研究——当情况不可能好转但也不可能严重恶化时。

高潜人才画像绘制的必要性分析，可以遵循以上三点进行思考：如果企业当前不着手绘制高潜人才画像，我们的人才队伍会流失吗？我们的潜在人才会被埋没吗？我们的人效会降低吗？我们的重要岗位会面临缺失候选人的情况吗？这会影响企业的未来发展吗？如果上述问题的大多数回答都是肯定的，那么企业就有必要开展高潜人员画像绘制工作。

确定了工作的必要性，就代表着绘制高潜人才画像是企业必须要做的工作，那么接下来就要考虑这项工作的重要性和紧急性，从而确定应该提供的资源以及开始的时间。这需要从以下几个角度回答问题。

影响的人数或范围：画像的绘制工作需要多少人直接参与？绘制过程中会牵扯多少人间接参与？是否需要外部人员加入？画像绘制完成后会影响到多少人的任用与培养？其他没有参与画像绘制工作的人会有什么感受？其他高管是否支持这项工作？

涉及的时间跨度：完成画像绘制工作所需要的时间是多少？画像绘制完成后能够使用的时间是多少？是否需要立刻开展这项工作？在多长时间内开展这项工作是可以接受的？

对业绩的影响程度：高潜人才画像能为业绩提升产生多大影响？完成绘制的人才群体能够在多长时间内为公司创造出额外价值？业绩的积极影响能够持续多久？我们期望达到一个什么样的目标？

项目的风险：画像绘制过程中是否存在风险？产生风险的概率是多少？风险与收益是否成正比？风险的类型是什么？风险是否可抗拒？

完成了对上述所有问题的思考后，企业就会形成何时绘制、做出多大努力绘制高潜人才画像的计划，随后就可以根据以下步骤开始工作了。

二、合理选择绘制的对象

正如前文所说，高潜人才画像的绘制成本较高，所以企业需要谨慎选择绘制的对象。绘制对象的数量不能太多，过多会浪费资源，影响企业的正常运营，但也不能太少，过少会忽略了重要人才。在具体人选上既要回顾过去，找出对企业做出贡献的人才，又要面向未来，挖掘能够助力企业成长、转型的可塑之才，这就要求我们从宏观和微观两个层面做好分析。宏观分析主要分为以下两个方面。

1. 企业现状分析

第一是回顾企业过去的发展成果与存在的问题，判断企业资源能够支撑绘制和使用多少幅人才画像，从补充短板的角度来看，应该针对哪些人员绘制画像。现状分析的首要内容是经营现状分析，包括财务效益、资产营运现状、偿债能力、发展能力。关键指标有营业额、毛利率、现金流、资产周转率、资产负做率、增长率、市场占有率等。通过对经营数据的分析，可以对企业生产、运营、管理等方面的信息进行全面系统的梳理，客观反映企业的整体经营情况，同时还能诊断企业的经营状况，总结经验、及时预警，从维持经营的角度提出对人才数量和类型的需求。

第二是企业发展历程。所有企业都有其生命周期，即企业发展与成长的动态轨迹。加州大学洛杉矶分校管理学教授埃里克·弗拉姆豪茨（Eric Flamholtz）和伊冯·兰德尔（Yvonne Randle）根据研究和咨询经验提出了企业成长的七阶段模型。弗拉姆豪茨教授认为，管理企业成长需要从整体上把握企业，规划某些关键领域的必要变革，这样才能帮助企业从一个成长阶段成功地进入下一个成长阶段。根据组织任务的关注点不同，企业的成长可以划分为创业、扩张、规范化、巩固、多元化、整合、衰落与复兴七个阶段。

（1）创业阶段

生产型企业的创业阶段一般指销售收入从几乎为 0 到年收入接近 100 万美元的阶段。这一阶段的终极目标是建立“业务的根基”，重点关注两项任务：确定市场和开发产品。

（2）扩张阶段

在市场初步站稳脚跟后，企业就需要扩大收入规模、向外扩张，随之而来的就是组织规模的扩大、业务线的增加和员工数量的迅速增长等，此时必须获取资源并发展运营系统。

（3）规范化阶段

在企业发展到一定规模时，仅靠增加人力、财力和物力来应对发展带来的问题就显得有些不足，这就要求企业开始审视自身管理模式，制订更加规范的计划、定期召开会议、明确界定的组织角色、完善绩效评估系统和控制系统等。

（4）巩固阶段

当企业实现规模化后，业务和人员在空间上的分布就已经很分散了。新加入的员工并不熟悉企业开创时的故事，新员工与老员工之间的文化冲突开始增加，企业此时必须将注意力转移到企业文化上，做好企业使命、愿景、价值观的传承。

（5）多元化阶段

多元化阶段要求企业重拾创业期的创业精神，投入到新的增长单元中。多元化发展需要员工摒弃“坐在功劳簿”上的思想，积极寻找并开拓新的增长点。在此期间，企业必须建立支持内部创业的制度和文化。

（6）整合阶段

这一阶段的核心问题是如何将不同的分支机构整合成统一的业务实体，此时应该做好对多元业务的整合，建立新的运作和管理基础架构，将不同分支的业务纳入进来。

（7）衰落与复兴阶段

庞大的组织规模已经使企业十分臃肿笨重，企业管理者此时需要做的是摆脱许多享有特权的人的困扰，减少内部权术的运用和博弈。

企业的不同发展阶段对人才的要求是不同的（如表 3-1 所示），在从 0 到 1 的创业阶段需要的是创业型人才，这些人善于建立新的模式，精力旺盛；从 1 到 N 的扩张阶段需要的是开拓型人才，他们敢闯敢拼。通过对企业当前发展阶段的确认，可以明确当下重点需要的人才应包含哪些特质。

表 3-1　企业生命周期与所需人才特质

企业所处阶段	所需人才应具备的特质
创业阶段	创业型人才，精力旺盛，素质多元……
扩张阶段	开拓型人才，敢想敢拼，对物质激励敏感……
规范化阶段	管理能力强，遵守规矩，擅长制度设计……
巩固阶段	与组织文化相适应，积极向上……
多元化阶段	高成就抱负，勇于创新，素质多元……
整合阶段	战略目光长远，擅长资源整合，处理人际关系……
衰落与复兴阶段	活跃创新，个性坚定，管理能力强……

第三是企业的人才现状分析，主要指当前人才数量和质量的情况。从整体数量上看，人才数量是饱和的还是供不应求？是否存在青黄不接、人才断层的现象？不同部门的人才数量是否足够？哪些部门的人才在流失？哪些部门的人才在增加？关键岗位是否建立了继任者计划？人才的能力是否跟得上企业的发展速度？当前的人才质量都处于哪一水平等。人才现状分析结果有助于我们更加直观地制订人才需求计划。

2. 企业战略分析

战略与人力资源规划密切相关，为企业未来的人才动作提供依据。绘制高潜人才画像时，主要考虑的战略是总体战略和竞争战略，为企业的未来发展做好人才准备。

从总体战略的角度来说，进攻型战略注重增长，要求抓住市场机会，这时对人才的数量需求更高，不仅要进行外部招聘，而且要大量提拔任用内部人才；防御型战略要求组织维持在一个平衡的状态，更需要筛选出有责任心、稳定、内部忠诚度高的人才；收缩型战略一般涉及裁员动作，分辨并保留能够为企业带来直接经济效益的人才十分重要。

从竞争战略来看，实施成本领先战略的企业需要每位员工都发挥出自身的最大价值，人才画像的绘制成本要尽可能压缩，注重观察核心岗位的核心人才；实施差异性战略的企业需要具备创新精神的人才，这就要求人才画像关注多元化、差异化的高素质人才；实施集中战略的企业会把经营重点放在特定目标的细分市场上，想要做到精益求精，企业在未来更渴望专业知识和技能扎实的高专精人才。

宏观分析为我们选取绘制对象提供了一个大的框架，我们在选择指标时就需要进行微观层面的分析了。企业可以从以下五点进行思考，这些内容不是相互割裂的，企业根据需要进行综合考虑更能够保证绘制对象选择的准确性。

1. 绩效导向

对于企业来说，最直接的绘制对象筛选办法就是根据绩效结果进行选择。通过查询近 2~3 年绩效结果排名靠前的绩优人才，在征得其同意的基础上，将其作为高潜人才画像的绘制对象。这种方式简单有效，能够精确定位到高绩效人才。然而，这种方式只关注了过去的结果，没有面向未来，可能会忽略很多具有成长潜力的人才。因此，企业也可以关注近三年绩效水平有明显上升的人员，在一定程度上兼顾成长潜力。

2. 匹配导向

在本书的第一章，我们提出了人才是与职位、组织和团队相匹配的人员。从这个角度看，与职位、组织和团队都相匹配的人员是高潜人才画像的绘制对象。以匹配的视角筛选高潜人才画像的绘制对象既注重了人才表现出的能力，又关注到了人才的潜力，然而，如何确认是否匹配，可能在一定程度上还需要依靠主观判断。

3. 能力范围导向

从人才素质的广度与深度进行考察，一般可以将人才分为专业型人才、复合型人才及通用型人才。

专业型人才是指精通一门特定专业技术，能够在技能领域内深入钻研，为组织发展做出贡献的人才。专业型人才的知识程度较为精深，可以在对口的专业岗位中做出成绩。

复合型人才是指精通两个（或两个以上，但一般是两个）专业的知识或技能的人才。复合型人才主要有三种类型，即跨一级学科复合型人才、跨二级学科复合型人才，以及以精通某一专业为主同时了解多门学科知识的复合型人才。

通用型人才是高水平的复合型人才，是兼顾知识广度与深度的人才。然而，随着专业分工日趋细致、学科壁垒越来越高，很难培养出融会贯通多个领域的通用型人才。现在的通用型人才也指对多种学科知识或技能具有一定了解、发散性思维好、知识迁移能力强的人才。

从匹配的角度来看，高匹配水平的人才一般都是复合型人才，他们不仅具备与当下职位密切相关的素质，还熟悉其他职位、层级所需要掌握的知识与技能，与团队配合良好。因此，企业在选择高潜人才画像的绘制对象时，需要综合照顾到各个类型的人才。

4. 部门导向

相对来说，企业中每个部门都有优秀人员。即使某一部门优秀员工的绝对素质比不上其他部门的员工，也并不妨碍其在本部门是优秀的人才。例如，生产部门的优秀工人的学历没有技术部门的人员的学历高，但不能否认前者也是公司的人才。因此，在选取对象时，企业需要对各个部门的员工进行考察。当然，对所有部门进行考察并不意味着要“全面撒网”，具体要在哪个部门进行重点筛选，还需要根据企业战略进行权衡。

5. 忠诚导向

在选取绘制对象时，除了能力，企业更要关注忠诚度。企业可以关注签有服务期协议的人才群体，或将画像绘制与培训绑定起来，与绘制对象签订服务期协议。

三、高潜人才画像的绘制流程

高潜人才画像的绘制同样离不开素质这一概念，它在绘制过程方面与标准人才画像有些相似。不同的是，高潜人才画像更加关注个性化的内容，绘制的步骤较少，但在每个人的评价上会花费更多精力，具体流程如图 3-1 所示。

图 3-1　高潜人才画像的绘制流程

1. 筹建项目小组

工欲善其事，必先利其器。项目小组成员的水平决定了项目完成的质量。由于高潜人才画像的绘制对象数量较少，因此项目小组成员的数量不需要过多，以免影响到企业的正常运营，一般以 4~6 人为宜。其中，项目小组的组长最好由公司的副总经理或总经理来担任，这样可以保证各个部门积极配合。

由于高潜人才画像的绘制对测评能力的要求较高，因此不推荐项目小组完全由企业内部人员组成。完全委托专业机构是一种可行的方式，即将界定清晰的项目目标和项目范围采用招投标等方式委托给具有相关资质和业务经验的咨询机构。这种方式的优点是"让最专业的人做最专业的事"，咨询机构有着较为丰富的测评工作经历，能较为熟练地操作该项目，并能凭借以往经验较为准确地定位项目成果。同时，作为"外脑"进驻企业，咨询机构能较为公正、客观地收集、分析数据，取得的模型成果较为客观。但是，由于"外脑"对企业文化及战略了解较少，它需要花费一段时间了解企业文化及组织状况。除此之外，之前没有接触过人才画像绘制项目的组织内部成员就缺少了一次学习的机会。

借助"外脑"组建混合项目小组是第二种方式，即通过借助高校或具备测评业务经验的咨询机构或外部专家的帮助，补足企业内部人员的短板。一般来说，项目小组组长主要负责项目进度的把控、人员的协调安排、重要文件的审核及对画像质量的把关，其他成员（包括外部专家）的职责分工涉及访谈、心理测验、资料收集及整理、结果分析汇总等。我们更加建议企业以这种方式组成团队，因此本章主要以组建混合小组为前提来介绍高潜人才画像的绘制过程。

2. 绘制涉及对象的心理建设

由于高潜人才画像的绘制对象较少，因此涉及直接参与的人员也相对有限，并不需要企业召开动员大会。对于每一个参与者来说，画像的绘制需要他们付出较多的精力，使他们的注意力从专注开拓公司业务转移到配合完成各种测评和访谈中。

在绘制过程中，虽然每位被调查者的单次访谈只会持续 1 到 3 个小时，问卷的填写也只需要 20 到 30 分钟，但是考虑到测评项目的数量，花费在每个被调查者身上的总时长并不少。此外，高潜人才画像的绘制还需要被调查者的同事、领导、下属等人的参与，将这些参与者耗费的时间加在一起也是一个可观的数字。在时间成本如此巨大的情况下，被调查者甚至是部门的管理层可能会产生抵触情绪，这时就需要项目小组对他们进行宣讲，强调绘制高潜人才画像的重要性、公司对完成这项工作的决心，以及解决相关问题的巨大价值。

在知道自己被选为高潜人才画像的绘制对象后，被调查者也会有一定的心理压力。他们可能会担心自己的隐私信息被泄露，不经意的回答失误会妨碍自己未来的发展，画像的结果是否符合自己的预期，画像的应用是否恰当等。这时，项目小组就需要对他们进行心理辅导，说明高潜人才画像对于个人发展的积极作用，对个人隐私的重视，以及会运用多种方法保证画像结果的客观性和准确性等。

3. 采用各种方法初步绘制人才轮廓

高潜人才画像的绘制需要采集大量个性化的数据及内容。这类内容的获取不是一蹴而就的，而是需要像剥洋葱一样，一层一层、由表及里的进行，这就需要项目小组采取一些方式绘制出高潜人才的特点。

（1）建立个人发展档案，获取初步信息

高潜人才画像最重要的特点就是对个性化内容的描绘，项目小组在绘制时要尽可能细致地收集个人资料，并根据这些内容做出判断。收集个人资料这项工作就需要用到个人发展档案。

个人发展档案是有关个人信息与职业成长经历的信息收集表，通过结构化的方式询问被调查者有关个人背景、工作与生活经历的一些问题，来详细收集个人信息，并辅助判断信息背后隐藏的素质内涵。

一般来说，个人发展档案包括两部分，一部分是基本信息，包括员工姓名、性别、出生年月、受教育程度、身高、体重、籍贯、家庭住址、其他公司的工作经历、公司内部的工作经验等，另一部分是与公司相关的信息，如员工近三年的绩效水平、薪酬水平、内部培训经历等。个人发展档案的示例如表 3-2 所示。

表 3-2　个人发展档案示例表

姓名		性别		政治面貌	
出生年月		民族		联系方式	
身高		籍贯		薪酬数额（税前）	
体重		家庭住址			
近三年绩效考核结果	2019 年		2020 年		2021 年
教育经历					
其他公司工作经历					
本公司工作经历					
优势能力自我评价					
待提高素质自我评价					
已有相关资质证书					
参与的企业内部培训课程					
已有的企业内部获奖情况					

在第一阶段使用个人发展档案的好处在于，这种方法适用范围较广，几乎可以应用

在所有部门，尤其适用于职业层次较高、经验丰富的人员，这也是大部分高潜人才画像绘制对象的特点。同时，这种方法操作较为简单，虽然个人发展档案的编制要投入一定的时间和精力，但一旦编制完成可以长时间重复使用，因此非常适用于大规模的评价活动。

为什么要求被调查者个人填写，而不是从系统中直接调取呢？这主要出于三个方面的考虑。首先，并非所有企业都建立了完善的 E-HR 系统，目前很多企业还是以纸质文件的方式保存员工信息，使得填写所有参与者的个人发展档案的工作量较大，且已有的信息可能也不足以回答所有问题。其次，让被调查者自己填写可以起到更新信息的作用，企业可以将最新的个人信息收集起来进行存档，从而支撑其他工作。最后，重新填写可以重复验证个人信息的准确性，项目小组可以将个人发展档案的信息与入职时的简历、E-HR 中的信息或其他履历文件进行比对，验证信息的真实性。当然，被调查者可能不能准确记得有关绩效、薪酬方面的数据，项目小组就需要帮助其查询。

在收集完信息表后，项目小组需要核对背景信息部分，核对无误后可以直接将其作为高潜人才画像中的内容。个人评价的资质能力，以及参加的培训课程可以作为能力内容的初步参考，为后续的环节提供资料。

（2）进行纸笔测验了解浅层素质

在了解更深次的内容之前，项目小组可以通过笔试来检验被调查者对工作相关的知识与技能的掌握情况，从而对其浅层素质有一个评价，进而考察被调查者是否符合高潜人才的要求。虽然我们在选择绘制对象时强调潜能的重要性，但如果在知识技能的考察中结果较差，就说明他们要花费较长的时间才能将潜能转化为企业需要的能力，这时企业管理者就可以考虑是否要淘汰部分参与者。

（3）通过面谈快速获取感性认识

面谈是访谈者获取人才个性化信息的重要手段。项目小组根据个人发展计划的内容设计访谈提纲，主要针对能力素质进行提问，从而获取有关个人素质的详细内容。在面谈时，项目小组要运用相关观察方法，记录被访谈者的穿着等外貌特征，判断被访谈者回答的真实性，以及被访谈者对于访谈的态度，从而决定将哪些内容作为画像的组成部分，是否要将访谈对象移出画像对象的名单中。

（4）进行高精度心理测验抓取潜在特质

心理测验是获取人才有关个性、能力和职业兴趣等方面信息的科学方法。由于个人的能力丰富多样，因此除了能力方面的测评外，其他测评结果都可以直接作为高潜人才画像的组成内容。与标准人才画像不同的是，高潜人才画像更强调独特性，加之直接做测评的人数较少，因此建议采用更为复杂的测评工具。根据不同的目标和岗位性质，项目小组可选择具有针对性的测评技术并引入外部专家进行解读。当然，出于成本的考虑，项目小组也可以采用能够大范围使用的纸笔类测验工具。表 3-3 和表 3-4 分别从职位族和成本的角度列出了心理测验工具。具体的工具介绍和操作技巧在第五章做出了说明。

表 3-3　从职位族角度出发的心理测验工具组合方案

方案	人格测验	能力测验	其他
管理职位族	大五人格 /CPI 全面个性指标评估	LEA 领导力有效性测验 + 基于 VR 的大数据测评技术	霍兰德职业兴趣测验 雷斯特确定问题测验
市场营销职位族	CPI 全面个性指标评估 / 罗夏墨迹测试	情商量表测验 + 基于 VR 的大数据测评技术	霍兰德职业兴趣测验
技术研发职位族	大五人格测验 /16PF	瑞文标准推理测验 + 托伦斯创造性思维测验	霍兰德职业兴趣测验 雷斯特确定问题测验
生产制造职位族	DISC 个性测验	GATB 普通能力倾向成套测验	霍兰德职业兴趣测验
专业事务职位族	“房树人”绘图测验	情商量表测验 + 文书能力测验	霍兰德职业兴趣测验 员工品德测量表
辅助职位族	MBTI 人格测评	情商量表测验 + 文书能力测验	霍兰德职业兴趣测验 员工品德测量表

表 3-4　从成本角度出发的心理测验工具组合方案

<table>
<tr><th>方案</th><th>人格测验</th><th>能力测验</th><th>其他</th></tr>
<tr><td rowspan="2">全流程方案 1
（管理职位族）</td><td>CPI 全面个性指标评估</td><td rowspan="2">LEA 领导力有效性测验 + 基于 VR 的大数据测评技术</td><td rowspan="2">霍兰德职业兴趣测验</td></tr>
<tr><td>大五人格</td></tr>
<tr><td rowspan="2">全流程方案 2
（所有职位）</td><td>16PF</td><td rowspan="2">GATB 普通能力倾向成套测验 + 尤金创造力测验</td><td rowspan="2">霍兰德职业兴趣测验</td></tr>
<tr><td>MBTI 人格测评 +DISC 个性测评</td></tr>
<tr><td rowspan="3">全流程方案 3
（所有职位）</td><td>16PF</td><td rowspan="3">GATB 普通能力倾向成套测验</td><td rowspan="3">霍兰德职业兴趣测验</td></tr>
<tr><td>MBTI 人格测评</td></tr>
<tr><td>大五人格测验</td></tr>
<tr><td>简化方案 4
（管理职位族）</td><td>CPI 全面个性指标评估</td><td>瑞文标准推理测验</td><td>霍兰德职业兴趣测验</td></tr>
<tr><td>简化方案 5
（管理职位族）</td><td>PDP 性格测验</td><td>LEA 领导力有效性测验</td><td>无</td></tr>
<tr><td>简化方案 6
（所有职位）</td><td>MBTI 人格测评</td><td>GATB 普通能力倾向成套测验</td><td>霍兰德职业兴趣测验</td></tr>
<tr><td>简化方案 7
（所有职位）</td><td>DISC 个性测评</td><td>文书能力测验</td><td>无</td></tr>
</table>

（5）利用其他方式补充个性化信息

虽然上述方法已经从多个方面让我们了解高潜人才，但这些内容都是点式的，而且并不完整。有很多和职位有关的信息，或者是项目小组感兴趣的数据无法通过上述方式获取，这就需要用到第六章介绍的补充方法，如公文筐测验、角色扮演、管理游戏等方式，挖掘被调查者的其他特征。项目小组可以针对不同的被调查者应用差异化的组合。

4. 360 度反馈获取周围人看法

在通过多种方式获取了大量的人才数据后，项目小组就需要对这些信息进行筛选、评级和补充，这就需要用到 360 度反馈法。

360 度反馈法通过从各类人群中收集相关信息，全面反映了某一员工在某个工作岗位上的表现，即全方位反映出在被调查者的下属、同一个工作团队的成员、直属领导、直接交流的客户等专业知识和背景不同的人们眼中，被调查者的表现情况。这些反馈信息可以作为高潜人才画像中的主要内容。360 度反馈法的主要程序如图 3-2 所示。

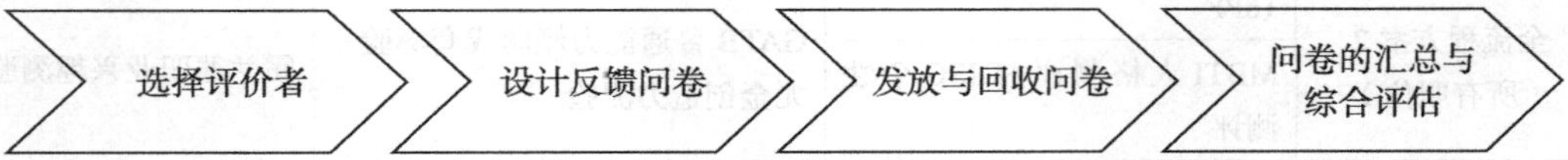

图 3-2　360 度反馈法的主要程序

（1）选择评价者

评价者的选择直接决定了 360 度考核结果的有效性。评价者必须是对被调查者具有一定了解的、能够做出客观评价的直属领导、同事、下属和客户。如果被调查者就职于职能部门，没有外部的客户，那么与他对接工作的其他部门员工就是客户。在人员数量上，直属上级一般为 1~2 人，3~5 名同事，2~4 名下属，1~4 名客户，总体来说，最少要有 7 人做出评价。当然，被调查者本人也应该填写一份问卷。

（2）设计反馈问卷

360 度反馈的主要工具是反馈问卷，通过将问卷发放给评价者，获取周围人对被调查者的认知情况。问卷中的问题一般分为两种形式。一种是封闭式问题，为评价者提供 5 分、6 分或 7 分等级的量表，让他们根据自己的情况选择相应的分值；另一种是开放式问题，让评价者写出自己的评价意见。当然，项目小组也可以综合使用这两种问卷。

封闭式问题的设计较为简单，主要以前期通过访谈、测评等方式了解到的被调查者的素质内容作为题目，并要求评价者根据观察到的情况给出一个分数。如果采用 5 分制的选项，那么 1 分就是认为非常不具备相应的素质，可以直接从人才画像中的备选内容中删去，5 分就是认为非常具备这方面的素质。封闭式问题的设计示例如表 3-5 所示。

表 3-5　封闭式问题的设计示例

素质内容	评价分数				
战略性思维能力	1	2	3	4	5
分析问题能力	1	2	3	4	5
提供指导的能力	1	2	3	4	5
努力达成目标的能力	1	2	3	4	5
团队工作的能力	1	2	3	4	5
履行承诺的能力	1	2	3	4	5
……	1	2	3	4	5

通用电气公司（GE）在运用 360 度反馈法对中层管理者进行评价时，其选用的标准既反映了公司的价值观，也包括了前期调查所了解到的管理层个人所具备的能力，因此封闭式题目的设计涉及对客户和服务质量的关注程度、完整性、责任心、沟通能力、影响力、组织协调授权、知识水平、智力水平、主动性和快速性等。

相较于封闭式问题，开放式问题设计起来较为复杂，需要项目小组针对上一阶段收集到的素质进行发散和演绎，从而形成新的问题，既了解到已收集到的素质的等级情况，又能够从周围人口中了解到新的内容。项目小组设计开放式问题时需要考虑以下四点。

①针对具体的行为提问

开放式问题的提出应该针对某一个特定的行为，如果问题的内容含糊不清或过于笼统，人们将很难给出一个准确的反馈意见。诸如“请对下属们的工作性质进行概况说明”此类的问题会让评价者感到十分为难。相反，让人们针对类似“他在布置工作任务的时候会详细地向我说明预期的工作成果”和“他 / 她会明确地告诉我应该在什么时候完成某项任务”之类的问题给出答案，将会令他们更加容易理解相关的内容，并提供更准确的反馈信息。

②使用正面积极的提问方式

应该以正面的方式提出问题，不要使用那些含有诸如“他在你犯错误的时候是否会大声呵斥”此类带有负面描述性信息的问题。同样的调查内容，应该换成“他在你犯错的时候是否会帮助你分析错误的原因”。有些下属员工会不愿意提供上级在某些方面表现失职的信息，相比之下，他们更愿意就上级采用有效工作方法的情况发表意见。收集负面的反馈信息只能让项目小组了解到哪些方面的行为不应该，而无法获取画像中需要的积极内容。

③针对具体个人进行提问

只要有可能，问题的设计最好能够针对提供反馈意见的个人。例如，最好用“当我顺利完成工作任务时，他会及时地给我积极的评价”的提问方式，来代替“当下属顺利完成工作任务时，这名领导会及时给予积极的评价”的提问方式。不应该要求评价者对调查对象的言行做出主观判断。项目小组以个性化的方式提问可以获得更加准确的反馈信息。

④从多个角度提出问题

很少有人在面对上级、同事和下属时，言行上会表现得完全一致。这也是有必要从多个角度了解人才表现的原因。不要对所有提供反馈意见的人都使用同一份调查问卷。例如，某些问卷中会设计针对被调查者向下属分派工作任务的能力进行调查的问题。被调查者的同事和领导往往并不了解这方面的情况，因此，有时有必要根据实际情况向他们提供不同版本的调查问卷。

某企业在对区域市场总监进行360度反馈时，上级考评的问卷主要侧重于了解被调查者的业务推进力、全局驾驭力、计划决定力、洞察创新力。同事考评主要考评被调查者的协作力，包括部门协作、同事协作、发挥团队优势、创造和维护良好的工作氛围等。下级考评主要考评被调查者的管理水平、知人善任、驾驭局面的能力、业务能力、正确授权、对员工的培养等。客户考评主要考评被调查者的服务态度、服务水平、服务质量、服务效果等。

（3）发放与回收问卷

在确定向谁发放哪种问卷后，项目小组就可以着手进行问卷的发放了。一般来说，问卷是匿名填写且通过电子问卷的形式发放的。这样一方面可以保护评价者的隐私，防止回收问卷时泄露评价者的信息，另一方面也有助于后期的统计分析。

（4）问卷的汇总与综合评估

在问卷下发后的规定时间内，项目小组就要回收问卷。回收后首先要检验回答质量，如果多数问卷的回答质量较差，项目小组需要向评价者强调调查的重要性并重新发放问卷。问卷全部回收后，项目小组应从以下几个方面进行评估，并形成高潜人才画像的重要内容。

①评分的汇总

对封闭式问题的处理主要采取加权平均法进行汇总，权重的分配以相处时间长短为依据。一般来说，普通员工与同事的交流较多，同事评价的比重应该占较高的比例，可以占 40%；对于中层领导者来说，他们需要经常为下属分配任务，交流完成情况，因此在为他们绘制画像时，下属的反馈权重可以相应提高。

某企业在对数据系统管理部经理绘制高潜人才画像时，向他的上级运维部副经理 1 人，应用系统管理部和网络管理部的同事 2 人，下属的高级数据库管理工程师、数据库工程师、高级数据分析师、数据分析师 4 人以及内部客户的市场部员工 1 人发放了反馈问卷。由于被调查者需要经常带领下属观测、分析数据，因此项目小组认为下属的评价结果权重应该较高；被调查者与同事在工作中的交流较少，主要听从领导的指挥，因此同事反馈的权重设置较低，最终的权重设置为领导（30%）、同事（15%）、下属（35%）、客户（20%）。针对某一项问题的计算方式为：

某项分数 = 领导打分 ×0.3+（同事 1 打分 + 同事 2 打分）×0.15/2+（下属 1 打分 + 下属 2 打分 + 下属 3 打分 + 下属 4 打分）×0.35/4+ 客户打分 ×0.2

②关键信息的汇总

对于开放式问题，不能采用简单的加权平均法来处理，而是要在每个人的答复中提取关键信息，并将其提炼为与素质相关的短语。项目小组通过统计在所有评价者答复中相同短语出现的频率，来确定被调查者的情况。出现频率越高，说明该项素质越明显。

③比较自我评价与他人评价的结果

对自己的表现进行自我评价，有助于更好地了解自己的实际工作表现。将自我评价的结果与其他人对自己的评价结果进行比较，也能更好地达到反馈结果的目的。如果自我评价的结果与其他人的评价结果相差无几，就说明被调查者认识自我的方法无须再进行调整；如果两者的差异较大，则有必要对造成差异的原因进行详细分析。

人们对自己工作表现的评价通常都会高于他人的评价。例如，中层领导者会说自己经常对下属们的工作表现提出表扬，而下属们的反馈意见则是，他们的工作很少能够得到上级的认可。这正是项目小组需要重点关注的地方，或许它正好说明了被调查者的领导能力在某一方面存在着不足。

但是，在下结论之前，应该对造成差异的原因进行分析。自我评价的得分过高可能是因为被调查者的自我感觉较好，也有可能是他们的某些行为没有受到周围相关人士的注意，又或是其他评价者对相关问题有着不同的理解。例如，被调查的领导者对自己在激励下属更加努力工作方面的评分可能会低于下属们给出的结果。造成这一差异的原因或许在于，被调查者并没有意识到自己作为领导者在某些方面做出的表率作用对周围员工的影响。

④横向比较分数

对于同层级的被调查者，如果项目小组能将个人的反馈结果与其他人的结果进行横向比较，也有助于了解被调查者能力的等级情况。例如，大部分中层领导者在试图对下属施加影响时都会使用授权的方法，如果不比较，就很难判断被调查者在这方面的实际情况是否能够达到标准。

5. 小组达成共识并形成高潜人才画像

通过上述步骤获取了人才画像所需的内容后，就可以通过统计和研讨的方式，绘制高潜人才画像了。在这一步骤中，参与的人员不需要过多，主要由项目小组的核心成员及外部专家执行。在部分环节中，也需要被调查者参与，从而保证高潜人才画像的准确性。达成共识的过程主要包括以下几步。

（1）填写基本内容

在讨论开始之前，首先要填写可以直接放入高潜人才画像中的内容，从而减少研讨的压力。正如前文所说，验证无误的个人背景信息，知识与技能掌握情况，经测评工具获取的人格和职业兴趣、价值观等结果都可以直接作为高潜人才画像的内容。

（2）确定能力内容

高潜人才画像中篇幅最多，也是最重要的内容就是对能力的评价，这需要综合分析通过面谈、心理测验等方法获得的结果。主要流程是根据企业的能力库对面谈的内容、各种补充方法中的语言内容和360度反馈中的问卷答案进行编码，并汇总相似的能力指标。如果企业还没有建立能力库，可以参照第二章行为事件访谈使用的编码方式，利用胜任素质辞典完成这一步骤。

在汇总相似的能力指标后，就可以根据其出现的频次来确定哪些指标是重要的、是被多次提到的，这就是该高潜人才所具备的主要能力，可以被放入高潜人才画像中。一般来说，画像描述的能力数量不超过 9 个。

（3）评价能力等级并标签化

在确定了被调查者具备哪些能力后，项目小组还需要对能力的掌握情况进行评级。如果在封闭式问题中没有提及高潜人才的主要能力，项目小组就需要根据面谈和测验的结果进行定级，必要时甚至可以补充使用第六章介绍的其他方法，保证评级的准确性。

（4）探索行为驱动因素

对于每个人来说，行为的驱动因素都是独特的。即使是做出相同的行为，不同的人也往往出于不同的想法。例如，同样是加班，有的人是为了多赚加班费，有的人是为了尽快完成任务目标，从而获得项目成功的满足感。不同的驱动因素往往会影响每个人的努力程度，以及结果的质量。因此，分辨被调查对象的驱动因素对于深入了解能力背后的逻辑，以及进行个体激励具有重要的作用。

需求是驱动力的基础，需求层次的不同会直接引发相应的驱动力。如果员工目前最大的需求是生理需求，那么他的驱动因素就有可能是追求高的薪资水平。项目小组可以与被调查对象或其直接上级进行深入访谈，探索其当前的主要需求及驱动因素，如薪资报酬、发展目标、职业兴趣、领导认可等。

关于需求有两个经典的理论，我们参照其内容判断高潜人才处于哪种需求层次中，随后详细分析具体的驱动力。当然，这只是提供了一个思路，并不代表我们需要完全按照理论的内容进行分析。

马斯洛需求层次是最为经典的理论。亚伯拉罕·马斯洛（Abraham Maslow）

认为每个人内心都存在五种层次的需求（如图 3-3 所示），这五种需求是最基本的、与生俱来的。其中，下面三层的需求也称匮乏性需求，它们的共同点是满足了就暂时不想得到更多，如吃完饭后就不会想要更多的食物；上面两层的需求是发展性需要，即使暂时得到了满足也会渴望拥有更多，是个体不断追求发展的不竭的动力源泉。只有当低层次的需求被满足后，高层次的需求才会出现。

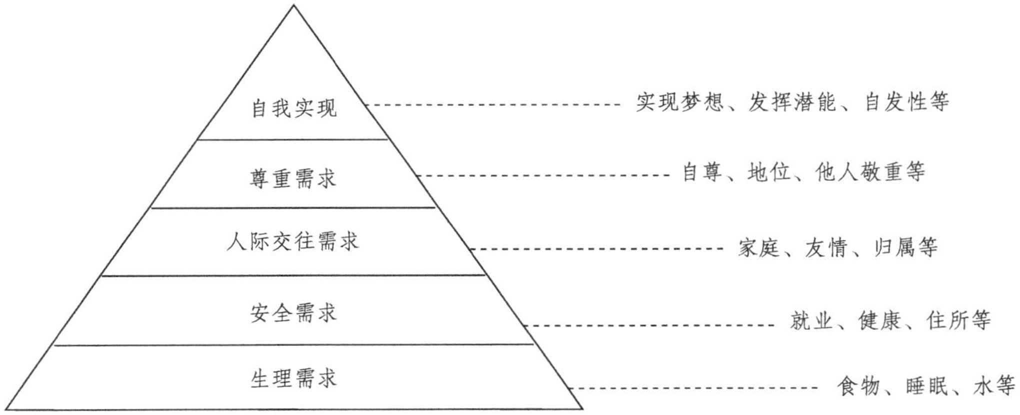

图 3-3 马斯洛需求层次理论

另一个经典的需求理论是麦克利兰的需求理论，该理论主要关注三种需求，即成就、权力和归属。

成就需求：追求卓越，根据设置好的标准实现。

权力需求：使他人以某种方式行事而不以其他方式行事的需求。

归属需求：建立友好、亲密的人际关系的愿望。

（5）提出培养发展建议

培养发展建议是高潜人才画像特有的部分，是项目小组分析以上所有内容后，基于现状与未来需求，对被调查者提出的培养方面建议。这既包括组织未来可以提供的培训内容，也包括被调查者在一段时间内需自我提升的知识和能力等。培养建议可以分为如下四种类型。

①准备型建议。对于刚刚进入组织不久的管培生、新入职员工或刚刚调整到新岗位的员工来说，职位的特点以及需要具备哪些知识和技能仍然是他们感到较为困惑的内容。同时，由于刚刚进入组织（部门），他们对于交接流程和企业文化并不熟悉，这时培养建议应该主要围绕当前工作所需具备的能力素质及企业规范。

②选择型建议。员工在处于职业发展迷茫期或瓶颈期时，就面临着选择的问题，项目小组需要从个人的兴趣、期望与企业需求出发，提出培养建议，帮助员工做出选择。同样，当组织发现员工与当前的职位不匹配，但其能力能够在其他职位上得到更好的发挥时，也要从个人素质和职业、职位特质相匹配的角度，给出培养建议。

③适应型建议。所有员工都会遇到如何实现职业理想，兴趣、能力、性格、价值观怎样与当前的职业需求保持一致等问题。例如，难以适应作息时间与规章制度等要求；人际关系适应不良，无法与同事进行良好的沟通；感觉到职业压力非常大，力不从心。这时，项目小组可以对照标准人才画像的内容，对被调查者提出针对性的培养建议。

④发展型建议。发展型建议是培养发展建议的主要内容，主要是面对未来的职业发展提出相应的培养建议。一般来说，高潜人才的职业要求不仅是希望职业成为实现其低层次的生理、安全需要的工具，而是期望职业成为满足其高层次的社会尊重和自我实现需要的手段，所以他们会重视自己的职位晋升和能力提升。当然，组织也要基于人才规划对员工提出相应的培养建议。

在提出培养建议方面，既可以由项目小组根据之前收集到的材料进行关门商讨，也可以邀请被调查者或其上级参与进来，通过面谈的方式，获取关于培养方面的需求信息。如果采取第二种方式，可以将工作融入探索驱动力的访谈中，从而节省时间成本。

项目小组通过研讨确定了所有的内容后，高潜人才画像就形成了。图 3-4 展示了企业某项目经理的高潜人才画像示例。

刘佩
项目部 - 项目经理
基本信息
1992 年 4 月
未婚
中共党员
5 年工作经验
天津市区户籍
本地有房
普通一本院校
本科学历
前 iOS 开发工程师
汉族
喜欢穿
POLO 衫
声音温和
2019 年度
绩效考核：B
2020 年度
绩效考核：A
2021 年度
绩效考核：A
个性与兴趣
情绪稳定
高度
责任心
关键技能
iOS 开发技术
多线程开发
Photoshop
能力表现
学习能力
行动力
责任心
计划性
保密意识
创新
信息分析
驱动因素
薪酬激励
产品成就感
专业对口
挑战
培养发展建议
加强人际沟通
其他
其他
提升项目管理能力
提升领导力

图 3-4　某项目经理的高潜人才画像示例

四、验证与追踪画像内容

在标准人才画像的绘制中，我们介绍了表面效度和预测效度的概念。同样，由于高潜人才画像的形成是研讨出来的，部分内容还有被调查者本人参与，所以其表面效度是较高的，预测效度是我们需要检验的内容。

高潜人才画像是针对每个特殊的人的描述，其预测效度是指能够预测被调查者未来的行为和绩效。当然，根据个人当前的情况来预测其未来是有难度的，并且在画像形成的过程中也重点应用了360度反馈法，因此在这一阶段，我们主要邀请被调查者阅读高潜人才画像，这样既能够从他们的自我了解出发来判断画像的准确性，又使他们知晓了画像结果。

被调查者应充分阅读内容，并在预制好的评分表上打分（如表3-6所示），总分为5分及以上，则认为画像的预测效度较好；每一部分的打分在6分及以上，则认为这一部分也具有较高的预测效度，画像通过验证。如果分数低于相应的标准，项目小组就要与被调查者进行面谈，了解是哪一部分不准确或是残缺，经过内部讨论后决定是否修正以及通过哪种方式补充。

表3-6　高潜人才画像内容评价表

评价项目	评分（1~10分）
1. 画像整体内容准确性	
2. 个性与兴趣部分准确性	
3. 关键技能部分准确性	
4. 能力表现部分准确性	
5. 驱动因素部分准确性	
6. 其他建议	

最后，高潜人才画像得到验证通过并不意味着工作已全部完成。高潜人才画像只能描述某一时期的情况，由于个人的知识、技能、能力和驱动力等会随着年龄、经历等因

素的变化而变化，仅凭一次调查对高潜人才的掌握程度是有限的。为了持续为组织的发展做出支持，对高潜人才进行追踪，周期性地更新画像内容就显得十分重要了。在过去调查的基础上继续对同一调查对象作多次观察，可能会得出更加有价值的资料。

五、高潜人才画像在企业中的应用

1. 指导职业生涯管理

对于个人和组织来说，高潜人才画像最直接的作用就是对员工职业生涯的管理。员工能够通过画像了解自身的优劣势和特点，再根据自己的发展目标主动提升自己，努力取得更高的成就；组织能够通过了解员工的能力与成长阶段，提供有针对性的培养和区别性的奖惩措施，激励人才不断进步。

具体来说，职业生涯管理是一种长期的、动态的管理过程，贯穿于员工职业生涯发展的全过程，每一位员工在职业生涯的不同阶段，其发展特征和发展任务都不相同。每一阶段都有各自的目标、特点和发展重点。另外，由于决定职业生涯的主客观条件的变化，员工的职业生涯规划和发展也会发生相应的变化，所以，对每一个职业生涯发展阶段的管理也应有所不同。表 3-7 简要展示了职业生涯不同阶段的特点和管理重心。

表 3-7　职业生涯不同阶段的特点和管理重心

生涯阶段	特点	任务	组织职责
早期 （20~30 岁）	• 正直青年，精力充沛 • 进取心强，积极向上 • 容易高估自己、低估他人 • 缺乏经验，对环境陌生	• 确立职业生涯目标 • 选择喜欢、适合的职业 • 适应组织文化 • 适应工作群体，学会与人相处	• 科学的培训与考察 • 达成相互接纳的“心理契约”

（续表）

生涯阶段	特点	任务	组织职责
中期 （25~50 岁）	• 经验丰富，能够独立开展工作 • 精力下降，感觉力不从心 • 家庭关系复杂，家庭任务和负担加重	• 认清自己的优势，扮演新的职业角色 • 应对职业生涯的瓶颈问题 • 正确处理工作、家庭和个人发展之间的关系 • 保持积极进取和乐观的心态	• 帮助员工克服中年危机，树立新的职业观念 • 在组织内部为员工创造更多机会 • 鼓励员工提高技能、丰富经验 • 帮助员工协调工作与家庭的关系
后期 （50 岁 ~ 退休）	• 知识技能老化，竞争力下降 • 组织中的角色发生转变 • 职业优势尚存，获得一定成就	• 调整心态，正视现实 • 做好个人退休计划	• 真诚地关心员工 • 鼓励员工继续发挥一技之长 • 提前安排退休与继任者计划

如果企业能够根据员工职业生涯的不同发展阶段，为员工提供足够的支持，同时员工也可以自发地提升自己，那么员工就能够在职业生涯的后期达成自己的目标，实现职业生涯的圆满。然而，在实际工作中，大多数员工的发展呈现着图 3-5 中成长曲线的趋势，在早期依靠自身经验工作，对职业目标没有清晰的认知，在中期达成了阶段性的目标，但由于生活压力加大、能力提升不足、工作态度下降等原因，员工无法取得更高的成就，组织的帮助也缺乏针对性，导致员工的职业发展止步不前。

为了延续人才的职业辉煌，帮助其向更高的成就冲刺，同时最大化人才对于企业的贡献，企业需要根据员工不同的职业发展阶段，对照高潜人才画像所描绘的每个人的特征和弱点，进行有针对性的培养和激励。特别是在职业生涯的中期，企业要帮助员工“缓一缓，看一看”，在技能老化和工作意愿下降的前夕，为员工提供一对一的教练辅导，使其焕发活力，达成第二成长曲线，冲击更远大的职业目标。

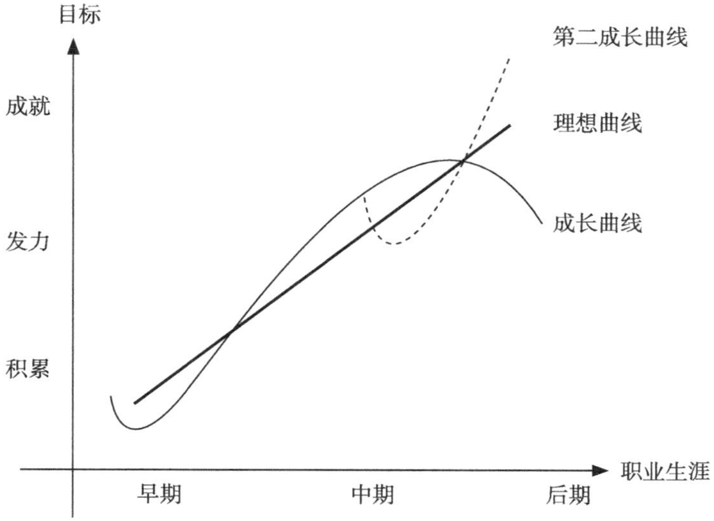

图 3-5　职业生涯与成长曲线

2. 建立协同团队

我们相信人才的潜力是无限的，但是在瞬息万变的环境中，在有限的工作时间下，个人的力量也是有限的。只有将人才组成团队，才能成就大事。

当然，简单地将一群人拼凑在一起并不叫团队。在动物学界有一个著名的“螃蟹效应”，如果把一只螃蟹放到不高的水池里，它就能凭着自己的本事爬出来，如果把很多螃蟹放在水池里，它们就会“叠罗汉”，总有一只在上边、一只在下边，这时底下的螃蟹会拼命爬出来，并开始拉上面螃蟹的腿，结果谁也爬不出去。在工作团队中，如果大家没有协同合作的意识，团队就会产生“1+1<2”的效果。如何才能创建一个协同的团队呢？最直接的方法就是在团队建立初期，筛选不同背景、不同能力、不同性格的人进行有机组合，让其实现优势互补，产生协同效应，这就需要用到描述每个人个性、能力特征的高潜人才画像，根据画像结果来配置成员。

20 世纪 80 年代，时任青岛家电公司副经理的张瑞敏，出任青岛电冰箱总厂（海尔集团前身）厂长。很多人不知道的是，一同前往的还有武克松、杨绵绵两位副厂长。前者曾担任海尔电器副主席，后者则长期担任集团总裁，是张瑞敏的“黄金搭档”。

如果张瑞敏是一位战略家，专注于思考企业如何进行战略创新，那么杨绵绵就是一位执行家，常年奋战在“第一线”。在张瑞敏看来，青岛电冰箱总厂要想翻身，就必须走“引进项目”的道路。当时德国“利勃海尔”被引进国内，张瑞敏费了九牛二虎之力，成功争取到这一机会。

随后，杨绵绵亲自带队到德国学习。当时关于电冰箱的制造标准有 1 942 项，培训时间却只有 30 天。杨绵绵白天在车间学习，晚上回到住处后，她亲自带头整理、翻译工艺资料至次日凌晨，连周六日都不休息。

引进设备和技术后，工厂很快就批量生产，当年就见效益了。但产品质量问题随之而来，张瑞敏眼中容不得半点沙子，但不可能天天砸冰箱呀，关键还是要从日常细节做起。

杨绵绵负责执行“落地”，有一次她在一台冰箱的抽屉里发现了一根头发丝，当即要求全厂停产整顿，并召集相关人员开会。有员工认为她小题大做，根本不影响冰箱质量，拿掉就算了。但杨绵绵坚定地表示：“抓质量就是要连一根头发丝也不放过”。她把质量意识融入每一位员工的心中，在 1988 年举行的全国冰箱评比中，海尔获得了中国电冰箱史上第一枚质量金牌。

以高潜人才画像作为指导，打造一支能力强、功能全的团队，一般需要找出六类人，用动物来表示就是：镇山的虎、变色的龙、远见的鹰、善战的狼、敏捷的豹、看家的狗。

首先，团队之中一定要有“镇山的虎”。“老虎”有强烈的企图心和成功欲望，喜欢冒险，敢担责，有魄力，有人格魅力；控制欲强，凡事喜欢掌控全局，发号施令，而不喜欢维持现状；勇于变革，行动能力很强，目标一经确立便会全力以赴；为了长期利益，敢于牺牲短期利益。所以，团队领导者一定要有虎性、虎威。

有虎性的领导者敢冒险、敢决策，但有些领导者会比较偏执，甚至过于独断专行，这时如果团队中没有人来补台就容易翻车。所以，团队中一定要有具有“变色龙”特质的人。变色龙就是随着环境的不同而变成不同的颜色，擅长伪装，适应能力特别强。具有变色龙特质的人不偏激，没有突出的特性，往往以中庸之道处事，擅长整合内外资源，能够有弹性地处理各种内外矛盾，协调各种资源。

鹰具有变革精神、危机意识，能够勇往直前。团队中“振翅高飞的鹰”是指知识渊博、有专业、有谋略、理性而谨慎的人。他能够给团队出主意、想谋略、出方案，从而弥补原则性不强的“变色龙”的不足，避免“老虎”一言堂。

狼的性情是凶残的，但它行动果断，具有团队精神和拼搏精神；它目标坚定，不达到目的绝不罢休。所以，具有狼性的人才，他是结果导向的，具有极强的探索力和坚韧的精神，就像阿里巴巴公司的中供销售铁军一样，拼尽全力达成目的。

豹是敏捷的猎手，它身材矫健，动作灵活，奔跑速度快，有个性，有自信。具有豹的个性的人才，往往是团队中速度与激情的象征，他们具有非常强的市场敏锐性，而且行动迅速，善于完成开拓工作。有时，“豹类人才”也相当于团队中的“鲶鱼”，能够防止团队出现惰怠。

“鸡飞前引幸福路，玉狗看家守金钱”。如果我们说“狼”和“豹”的主要任务是为团队攻城略地，那么“狗”的主要责任就是帮助团队精打细算，把细节做到位。他们谨慎稳健、理性忠诚，对业务相关的职能十分熟悉，能够有效处理工作琐事。

3. 领导风格的选择

工作效率的高低与人际间互动是否紧密相关，这种互动不仅是团队间的协作，更包括员工与直属领导间的交流。在实际工作中，领导的命令与员工的反应之间并不是线性的，如在布置任务时，有些领导者会纠结于如何向下属说明工作内容，要求任务结果。是不问过程只看结果，还是要求下属在每个时间节点汇报进程？对于员工来说，不同的管理方式会让他们产生不同的感受，即使领导者使用同样的方式对待所有下属，员工的反应也是不尽相同的，有的员工可能习惯于做好计划，按时汇报，而有的员工则会认为这种要求咄咄逼人，不够自由。这就指向了领导风格与员工情况相匹配的问题。

情境领导理论认为，领导风格在不同的情境下有着不同的适用性，没有所谓的最好或最差的领导风格，只有在某种情景下相对合适或不合适的领导风格。员工的特质和能力就是一种情景，优秀的领导者能够根据下属的不同情况及时调整和改变自己的领导风格，从而保证互动的优质与流畅。

基于这种匹配的认识，美国俄亥俄州立大学的研究者们提出了领导行为四分图理论，他们将领导的行为分成两个维度，关系维度即“以人为重”，代表领导者对员工以及追随者之间相互信任、尊重与关心，是领导者信任和尊重下属的观念程度；任务维度即“以工作为重”，代表领导者重视工作任务的完成，明确自身与员工之间的等级关系，是为了达到组织目标，领导者界定自己与下属权责关系的倾向程度。这两种维度进行组合就形成了如图 3-6 所示的四种领导风格。

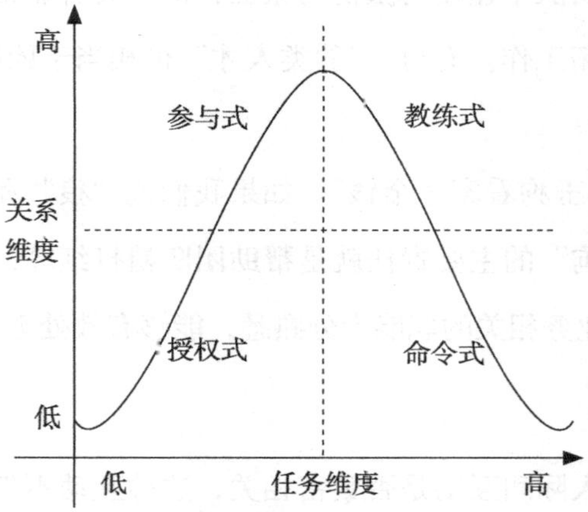

图 3-6　领导行为四分图

命令式：高任务水平、低关系水平的领导方式。领导者设定工作角色，领导者告知员工做什么、怎么做和在哪里做。

教练式：高任务水平、高关系水平的领导方式。领导者既能给予员工指导，又愿意倾听下属的想法。

参与式：低任务水平、高关系水平的领导方式。领导者和下属共同制定决策，领导者的主要角色是促进工作进度和沟通。

授权式：低任务水平、低关系水平的领导方式。领导者很少提供指导和支持，委托下属完成决策。

根据人才画像对个人能力和工作意愿的描述，领导者可以采用不同的领导方式与下属进行沟通，具体来说可以分为以下四种情景。

当下属既没有能力，又不愿意做某项工作的时候，领导者可以为下属提供比较明确和具体的指示，这时可以采用命令式的领导风格。

当下属没有能力，但有意愿做某项工作的时候，领导者可以为下属布置更多的工作任务，用来锻炼下属的能力，并且给予下属更密切的关注，让下属能够在一定程度上领会和理解领导者的意图。这时领导者可以采用教练式的领导风格。

当下属有能力，但不愿意做某项工作的时候，领导者可以让下属参与工作的发起、讨论、制订、实施等过程，并且表现出对下属的信任，给予下属充分的支持。这时就是参与式的领导风格发挥作用的时候。

当下属既有能力，又有意愿做某项工作的时候，领导者不需要干涉太多，可以授权下属独立完成工作。领导者可以在工作过程中适时地关注下属的情况，看其需要什么。这种情景就非常适合授权式的领导风格。

某部门的高学历员工在入职公司的两年间，表现出了超高的工作热情和学习能力，其高潜人才画像也显示出他的职业兴趣与职位高度一致，以及渴望获得成功的心理。然而，作为一名普通员工来说，他的能力能够胜任当前的岗位，但如果想要得到进一步的提升，其能力就有待提高。因此，该员工所在部门的领导采用了教练式的领导风格与他进行日常工作沟通。

在布置任务时，领导会努力让员工理解这么做背后的原因，以及工作的目标。在下属说明自己想法时，领导会做出微笑、点头等动作，以及“嗯”“对”“我明白了”这种简洁自然的回应，表现出对下属的认可与支持。同时，该领导还根据员工的想法提出问题，引导员工积极思考，并对其工作成果提供反馈，激发他持续行动的意愿，从而实现更多的目标。

4. 辅助领导梯队的建设

领导者是组织发展的领路人，为组织的长远规划和战略执行提供了重要的支持，成功的组织必定离不开领导者的高素质。当前，大多数企业都设计了储备干部制度、领导者继任计划等建设领导者队伍的模块，这其实就是重视领导角色、担心管理层缺失的体现。

当我们提到领导者时，并不仅仅指高管团队，实际上领导者团队遍布于企业各级机构中。美国著名管理学家拉姆·查兰（Ram Charan）提出，在大型的、分权管理的企业中，主要包括六个领导层级（如图 3-7 所示）。从能力的角度来看，每个层级的工作内容不同，管理者需要具备的工作技能、时间管理能力和工作理念也各异。例如，基层员工（或称个人贡献者）与一线经理人（基层管理者）在能力要求上就具有较大差别，只有满足了这些能力（如表 3-8 所示），才能实现从自我管理到管理他人的转变。

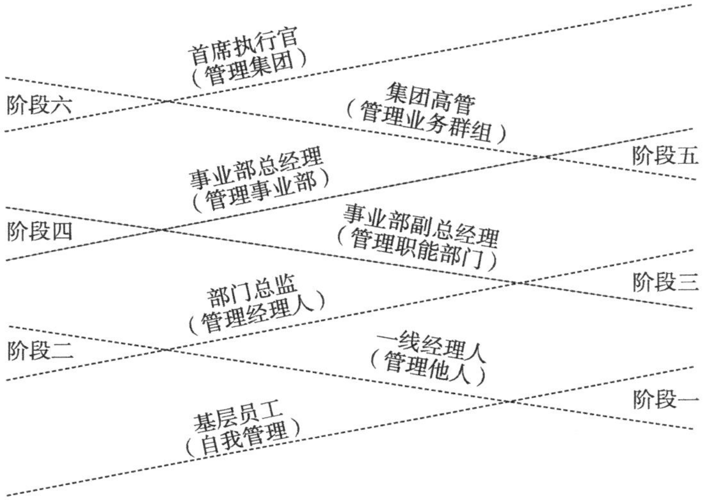

图 3-7　领导梯队层级

表 3-8　基层员工与一线经理人的能力差别

	基层员工（个人贡献者）	一线经理人（基层管理者）
工作技能	• 技术或业务专精 • 团队协作能力 • 为了完成任务建立人际关系 • 合理运用企业的工具、流程和规则	• 制订项目计划、人员和预算规划 • 进行绩效管理与奖罚激励 • 授权、辅导与反馈 • 沟通与营造工作氛围 • 为部门发展搜寻相关资源
时间管理	• 遵守考勤制度，按时上下班 • 按时完成任务	• 年度时间计划与工作安排 • 选取特定时间与下属沟通 • 为团队工作设定时间方面的优先次序 • 与其他部门、客户和供应商沟通时间
工作理念	• 通过个人能力完成任务 • 高质量的技术或专业化工作 • 遵循公司的价值观	• 通过他人完成任务 • 下属员工的成功 • 管理性工作和修养 • 部门的成功 • 成为优秀的管理者

拉姆·查兰的观点深刻地回答了如何建设领导者队伍的问题。在此基础上，我们认

为，不同层级领导者之间的能力差别不仅仅是表 3-8 所提到的三个方面，而是涵盖了人际沟通、创造力、职业兴趣等多方面的能力，甚至不同层级领导岗位对个性特点也有着独特的要求。要想实现管理层级的跃升，保证管理层的人岗匹配，企业管理者就需要对照高潜人才画像的内容与管理职位的要求，进行人员筛选以及能力上的查漏补缺，从而保证领导队伍的高效接替。

5. 为人才盘点提供材料

阿里巴巴集团前人力资源副总裁黄旭先生用一个隐喻很好地说明了人才盘点的内涵，“我们每年都要整理自己的书柜，很多书不准备再看就赶紧送人，把它们转移到能够发光发热的地方”。人才盘点也是同样的道理，企业要定期进行人员梳理，了解人才的能力和价值，结合组织盘点的结果，对人员做出进一步的安排。

在整理书柜时，第一步往往是翻开书看一看，想一想这本书讲了什么，再考虑要不要送人。人才盘点也是一样，无论是关门盘点还是开门盘点，都离不开“看看”人，即对员工进行合理评价。

关门盘点的方式一般由企业的人力资源部主导，通过与外部咨询机构合作，利用评价中心测评系统筛选出企业的关键人才。该盘点方式往往只有企业高层管理者及人力资源部参与，或者更多地依赖于外部咨询公司的评价工具，而且只覆盖关键岗位。

开门盘点是由业务部门主导的。人力资源部的角色由主导者变为方法、工具的提供者和人才盘点的组织者。在开门盘点中，从 CEO 到基层经理都亲自参与，盘点要依赖于他们的评价结果。同时，盘点是覆盖全员的，还需要在一定范围内公开讨论对人员的评价及任用。

当然，“看”什么，怎么“看”，对于不同的企业来说也是不一样的。基于资源限制和盘点目标，有的企业在评价人员时只关注绩效和关键能力，依靠以往的绩效表现和同事间的评价，辅以少量的测评工具，形成评价结果，通过图 3-8 所示的人才九宫格对企业员工进行归类即可。有的人才盘点在评价人才时细致入微，要求员工填写多项资料，了解员工的家庭背景，使用测评工具获取他们在能力、价值观等方面的信息，形成较为翔实的人才档案。

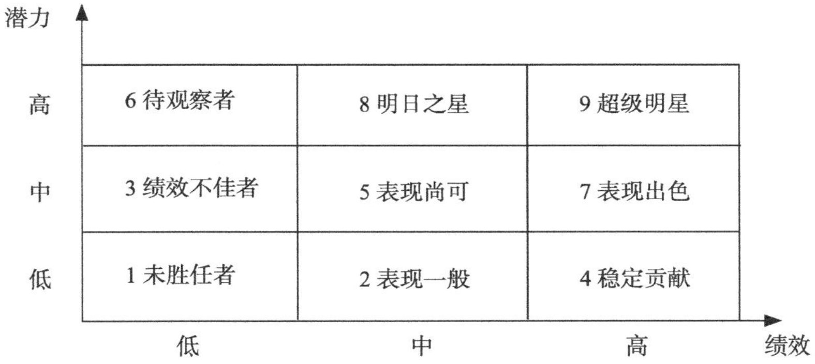

图 3-8 人才九宫格

无论是哪种人才评价，人才画像所体现的内容都是最全面的，它展示的信息能够囊括人才盘点时所需要的评价尺度及内容。当组织拥有人才画像时，就可以随时提取所需信息，高效完成盘点工作。

第四章

直接观察获得感性认知

感性认识是认识的来源，是理性认识的基础。我们平常做出的决策大部分都会受到感性心理的影响，因此在评判人才时，正确应用感性认知就显得尤为重要。我国从古代就开始总结感性认知的经验，并应用在人才筛选上，只是缺乏一定的科学依据。战国时期李悝有“居视其所亲，富视其所与，达视其所举，窘视其所不为，贫视其所不取”的“识人五法”；《吕氏春秋》提出“喜之以验其守，乐之以验其僻，怒之以验其节，惧之以验其特，哀之以验其人，苦之以验其志”的“识人六验法”。发展到现在，感性评判的方法已经更加全面、更加有效，成了绘制人才画像的基础性工具。

一、感性认知很重要

两年前，李明去某公司应聘销售总监的工作，也许是为了表示对这个职位的重视，公司董事长亲自面试了他。一小时愉快的交流结束后，李明起身离开了公司。惊喜的是，在回去的路上，李明就接到了人力资源总监的电话，说董事长希望你能够加入公司。怀着激动的心情，李明第二天就去公司办理了入职手续。他本以为是自己的专业能力得到了董事长的认可，没想到在和人力资源总监谈话时，他说了这么一段话：“在面试你之前，我们也面试了好几位总监候选人，专业能力都不错，但在他们和董事长交流完起身之后我们发现，他们坐的那张椅子的椅背都被汗水打湿了；只有你起身之后，我看了一下，你的椅背没有湿。我们觉得你可以，我们企业需要一个内心强大的人。”

这个小故事可能并不是真实发生的，但类似的情况常常会出现在评价他人的过程中。有人因为在面试时主动捡起地上的纸团而被录取，有人因为常常说别人坏话而被降职。这些都是感性认知的体现。录取候选人并不是因为他爱干净，降职员工也并不是因为他惹人烦，而是我们将这些表面的行为与他们的深层次特征联系了起来，感觉他们可能会有对应的特点。

这种感性的认知可以避免吗？答案是很难避免。当与他人接触时，我们会不自觉地观察对方，感觉器官（眼、耳、鼻）就会发挥作用，联想也会自然而然的产生。因此，当无法拒绝感性认知带来的信息时，我们可以换一种思路，正确应用感性认知，帮助我们评价他人、绘制人才画像，就像故事中的人力资源总监一样。

用好感性认知，首先要求我们做出恰当的观察，即“看”什么。一般来说，需要观察的内容主要有他人的外观特征（如容貌、身材、肤色、衣着等），行为特征（如面部表情、肢体动作等）和语言特征（语音语调、习惯用语等）。此外，就是要了解这些表象特征代表的深层含义，从而做出合适的判断，避免错误的“以貌取人”。

当然，对表象的观察和认知不一定都是准确的。例如，心理学中有一个经典的概念叫作“首因效应”，是指第一次展现出的外貌、行为或语言等能够决定双方后续交往的进程，影响人们对他以后一系列行为和表现的解释。如果他人在首次见面时精心装扮、提前措辞，刻意表现出与平常不一样的行为，那么直观的认知就会发生偏移。因此，感性认知很重要，但它并不是绘制人才画像的唯一依据，相反，由于感性认知的局限性，它更多的是起到辅助作用。

1957 年，美国社会心理学家洛钦斯（A. S. Lochins）通过实验证明了首因效应的存在。他杜撰了两段故事来描写一个名叫詹姆的学生的生活片断。

第一段故事展现出一个热情并且外向的人。詹姆走出家门去买文具，他和他的两个朋友一起走在洒满阳光的马路上，他们一边走一边晒太阳。詹姆走进一家文具店，店里挤满了人，他一边等待着店员，一边和一个熟人聊天。他买好文具在向外走的途中遇到了熟人，就停下来和朋友打招呼，后来告别了朋友走向学校。在路上他又遇到了一个前天晚上刚认识的女孩子，他们说了几句话后就分手告别了。

第二段故事展现了一个冷淡而内向的人。放学后，詹姆独自离开教室走出了校门，他走在回家的路上，阳光非常耀眼，詹姆走在马路荫凉的一边，他看见迎面而来的是前天晚上遇到过的那个漂亮的女孩。詹姆穿过马路进了一家饮食店，店里挤满了学生，他注意到那儿有几张熟悉的面孔，詹姆安静地等待着，直到引起柜台服务员的注意之后才买了饮料，他坐在一张靠墙边的椅子上喝着饮料，喝完之后他就回家了。

当洛钦斯将第一段故事放在第二段之前展示给其他人时，78% 的人认为詹姆是个比较热情而外向的人；当故事的展示顺序被调换后，只有 18% 的人认为詹姆是个外向的人。

接下来，我们会从声音、微动作、微表情和个人习惯这四个方面，介绍应用感性认知的方法。这些方法都得到了长时间的运用，体现出了科学性和有效性。其中，观察微表情和微动作较为困难，观察者需要经过专业的训练，读者还是要谨慎使用，如果拿捏不准，只记录有趣或矛盾的动作或表情即可，不要轻易推测结论。

二、“闻声辨人”——从声音感知对方

“不见其人，先闻其声”。在谈话时，我们并不是先获取到来自语言的信息，而是首先感受对方声音的特点，尤其是语音、语调、语速等方面的特征。在我国古代，声音就是了解人才的一个重要渠道，在很多书中都对声音与人才的关系做出了论述，即通过声音听出一个人的心性品德、身高体重、学历身份、职业等属性。这是一个较复杂的经验判断，依从于生活的逻辑。有的人声音洪亮，有的人细声细气，有的人说话如连珠炮一般，有的人说话慢条斯理。古人正是对这些情况加以归纳总结，得出了以声辨人的规律。

“闻声辩人”不仅是古人的经验总结，也得到了现代科学的验证。2021 年，来自德国哥根廷大学的研究团队对分布于四个不同国家的 2 000 余名人员进行调查。参与者填写了关于自身性格的测量问卷，并提供了他们的声音录音。经过专业分析，研究团队发现性格可以通过声音得到部分表现。当然，对声音的辨析是基于他人长期的、一般情况下的声音，由于情绪、特殊目的等原因导致的声音短时间的变化，不能够作为人才画像的依据。同样，以声音来判断人的个性仍属于感性认知的范畴，要辩证看待其结果。

1. 语调的尖锐与柔和

如果一个人不是因为生气或心烦，而是习惯性地使用高亢尖锐的语调说话，那么他们的内心一般十分脆弱和易怒，会因为一点小事而大发脾气，既容易兴奋也容易疲惫。这种内心特点可能由于其在少年时代受到了一定的创伤。

有些人语调过于柔和，任何时候都是一副轻声细语的样子，这可能是因为他们较为害羞，或者内心不自信，认为自己就算大声说话也没有人会倾听。当然，说话柔和也可能是因为他们本身行为就较为端庄，从小接受的教育要求其这样与他人交流。

2. 声音的洪亮与温和

说话声音洪亮的人大多开朗自信、粗犷豪迈。他们在工作或生活中往往不拘小节，

直爽又真诚，热情而精力充沛。这种人在团队中富有号召力和感染力，很容易赢得他人的支持。

在日常交流中声音沉稳温和的人，大多非常有主见，在发言之前就已经知道了交流的目的。他们可能很少接纳别人的意见，愿意主导团队活动的开展方向，在工作或生活中能够自立自强。

蒙牛集团的创始人牛根生身材魁梧，无论是公开讲话还是私下沟通，都是声音洪亮，极富感染力，赢得了众多人才的追随。1978 年，牛根生参加工作，在伊利集团从一名洗瓶工干起，担任过车间主任、厂长等职，直至做到了生产经营副总裁的位置，最高年薪达到 108 万元人民币。在这期间，他常豪迈地拿出自己的收入和大家分享，并经常与下属进行交流，用洪亮的声音对他们进行鼓励和指导。在牛根生离开伊利集团后，他的老部下纷纷找到他，希望牛根生带领自己闯出一条新路。其中几个人更是卖掉一些股票，作为创始资金交给牛根生，就这样，蒙牛集团成立并逐渐跻身世界乳业十强。

3. 语速快慢

一般来说，日常交流中正常的说话速度是每分钟 200 个汉字左右，但是有些人说话慢条斯理，语速在 100~140 字每分钟，慢于一般人。即使催促他加快速度叙述，结果依然如此。这主要是因为他们在讲话时会考虑自己的表达方式，在思考中不断地调整语言。一般来说，这类人在面对突发问题时，能够镇定自若，沉得住气，不会鲁莽行事。此外，语速较慢也可能是保守个性的体现。他们做事小心翼翼，甚至表现得不自信，觉得自己只要不犯错误就可以了，其他都不重要。

相反，有些人说话速度大于每分钟 300 个汉字，字与字之间的间隙明显小于正常状态，这是语速过快的表现，会导致表述内容不清晰，让听者感到不适。语速过快的人往往有较强的表达欲，他们外向、喜欢输出自己的观点。同时，语速快的人常常也是行动派，他们做事和说话一样快，雷厉风行。

4. 说话带鼻音

有人说话时常常会夹带鼻音，发出“哼”的声音。如果不是因为患有鼻炎或其他呼吸类疾病，这些人发出鼻音则可能是一种下意识抱怨的方式。这些人总会认为自己受到了不公平的对待，对现状不满，自卫性很强。然而，他们在不满时不敢明说，只能通过语气表达出来，既想发泄自己的情绪，又要保护自己。

5. 声音在句尾减弱至无

有些人在说一句话时，声音会越来越轻，直至听不到。如果其他人对没听清的内容进行询问时，他们还会重复上述过程。这种声音表达出一种不自信的信号，他们觉得自己说什么都不重要。他们的呼吸也是不自信的，用嘴巴吸气，在说话的时候把气呼出去。同时，这类人一般没有控制别人的欲望，不愿意指挥他人。

6. 声音了无生趣

说话有气无力、没有情绪波动的人可能情感淡薄、孤僻压抑，无论是对自己还是对他人都缺少人情味。这类人在少年时代就缺乏情感交流，不知道喜怒哀乐的好处和坏处，换句话说，当情绪来临时，他们依然会沉默对待。与这类人交流时，很难察觉到他们的情感变化，缺少情感交流的后果就是容易产生这样或那样的误会。

三、“小动作，大意义”——从微动作感知对方

当人们脱口而出某个词语之前，其实就已经在与人沟通了。早在20世纪70年代，美国加州大学洛杉矶分校的心理学教授艾伯特·麦拉宾（Albert Mehrabian）就指出，人

们在进行语言交流的时候，有55%的信息是通过视觉传达的，如手势、表情、肢体语言、仪态等，有38%的信息是通过听觉传达的，如说话的语调、声音的抑扬顿挫等，只有7%来自纯粹的语言表达。这一论述经过不断完善，形成了著名的“55/38/7”定律。

虽然视觉帮助人们传递了大量的信息，但是这些信息并非都是真实的，很多明显的表情和动作，如大笑、竖起大拇指等一般都是故意为之，会掩盖人们真正的想法。为了更有效地了解他人，观察表情、肢体语言中的微表情与微动作就显得尤为重要。

微动作是指人们在用肢体动作表达思想时不经意暴露的、不受思维控制的瞬间本能行为。相较于微表情，微动作更容易被观测到。通过观察不同场景下他人的微动作反应，可以推测其心理的真实想法，作为对他人感性认识的来源。以下介绍几种典型的微动作。

1. 头的前伸与回缩

头部前伸是对事物或事件感兴趣的表现，主要发生在交谈或会议中。一个人把头往前伸，表示他已经注意到所发生的事情了，而且还比较有兴趣，希望能够凑近一些，获取更多的信息从而满足自己的好奇心，甚至进一步参与其中。

相反，头部习惯性的回缩是一个回避的动作。可以想象一下，当我们面前有物品时，会感到头部受到了威胁，从而回缩头部。同样，在遇到不喜欢的话题或人时，回缩头部也是一个自然的反应动作。

由于可开拓的市场空间越来越少，某空调制造销售公司面临着发展的压力。在一次销售部中层管理者会议上，集团的张副总对公司的营收情况进行了总结：“目前公司的销售收入在不断下降，为了扭转这种颓势，集团计划开辟新的销售渠道，在传统代理商的基础上，大力发展电商直播，以拓宽销售收入来源，因此，会抽调部分人员组成专门的部门……”

在说明情况时，张总仔细观察了参会人员的反应，发现有几名人员的眼睛盯着自己，头部前伸，似乎想要听得更清楚一些，有些人面无表情，低下了头，还有的人头往后缩，都看不太清脸了。看到不同的反应，张总心里有了打算："看来有一些人对电商直播有一定的兴趣，抽调的人员可以从他们中间选择。"

2. 身体距离

动物具有强烈的领地意识，当领地被侵入时会立刻察觉并做出反应。人类也是如此，维护空间主权以获得内心的满足是人类的下意识行为，因此，进入他人的空间可能会有一定的风险。

在交往过程中，个人空间最直接的体现就是人际距离，即在沟通时，双方在空间上相隔的长度。这种对距离的把控是无意识的，每个人都会在内心评判和他人的关系，从而下意识地选择合适的沟通距离。过近的距离可能会引发他人的不适、厌烦甚至不安，从而做出回避行为，过远的距离也会引发对方的疑惑和不解。

人类学家爱德华·霍尔（Edward T. Hall）将人们交流时下意识同别人保持的空间位置划分为四个区域：亲密距离、个人距离、社会距离和公共距离。亲密距离分远近两种，近距离是指肌肤能够接触到的距离，而远距离则是指两个人身体保持 15 厘米 ~45 厘米的距离。这种亲密的距离多出现在情侣、要好的朋友之间，或者是孩子抱住父母及其他人时。

个人距离是指两个人的身体保持 46 厘米 ~1.3 米的距离，一般表现在朋友或具有私交的两人之间。这时人们会发生肢体接触，但仅限于一般社交允许的范围，如手部、手臂和肩膀，这样不会直接闯入对方的私密空间。

社会距离表示两人身体保持 1.3 米 ~3.5 米的距离，已经没有了直接的身体接触，主要应用于熟识但私下交流不多的人，如工作中的普通同事、客户等。

公共距离是保持 3.6 米及以上的距离，这种距离通常会用于相对不是很正式的集会中。如教室中老师和学生之间的距离，或者领导跟一群员工讲话时的距离。在这个距离下，我们可以向他人打招呼，面带微笑地让他们与自己靠近，形成社会距离。

在绘制人才画像时，我们可以通过观察某人与不同人交流时的人际距离，来推测他的关系处理和行为倾向。如果某位员工愿意与领导保持个人距离，或者在领导进入其个人距离时没有抗拒，则可以说明他与领导关系较好，认同领导的想法。如果某人抗拒与大多数同事保持个人距离，在同事靠近时表现出不适，或下意识地后退，可以推测他与同事间缺少交流，可能不擅长交际，或不愿意将私人生活与工作相混淆。

3. 触摸自己

在孩童时期，当我们感到沮丧、疼痛或害怕时，父母会搂住并轻拍我们，以便增强我们的安全感。渐渐地，父母不在身边时我们也会触摸自己，尤其是触摸脸、嘴唇和另一只手，这都是在遇到压力时下意识的举动。除了触摸之外，我们甚至会遮住双眼或嘴巴以便进行自我保护，触碰耳朵和脸颊试图进行自我安抚，在演讲或做出公开发言时，用上牙咬嘴唇来缓解压力。

4. 十指交叉

十指交叉是一个在交流中常见的微动作，往往充满否定的意义。根据摆放的位置不同，十指交叉表现出来的含义也有一定的差别。十指交叉、双手紧握，主要是自我否定的表现，内心是沮丧和消极的（如图 4-1 所示）；十指交叉，一只手的手指抚摸另外一只手，表现出了内心的不安、焦虑，甚至是自我怀疑，这一行为与上一表现中的触摸自己类似；十指交叉放在胸腹之前，表现出心理上的拒绝，如果他人在谈话中做出这一动作，即使什么都没说，也是在内心否定了他人的观点；十指交叉放在脸前是一个十分严肃的反对信号，传达了“别说了，我不想听”“我不相信你”等消极情绪。

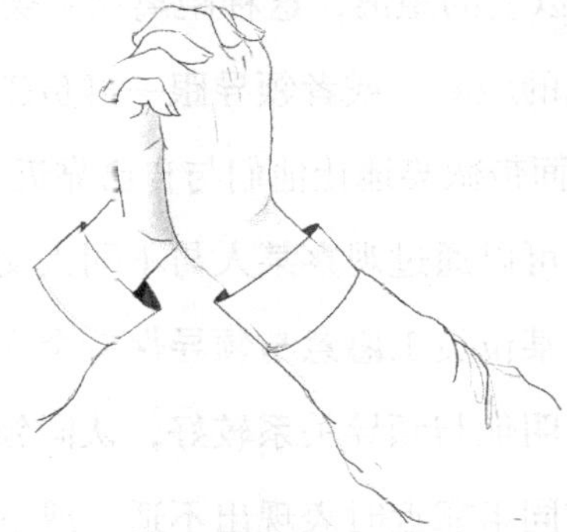

图 4-1　十指交叉

5. 紧握双手

人在感到紧张或害怕时喜欢握住某样东西，这样才能感到安全，我们在很小的时候就有这种条件反射了，例如，恐惧时我们会依偎在母亲身边并紧紧抓住母亲的手或衣服。当他人在交流的时候紧握住自己的另一只手、自己的衣角或者是任何物品时，说明他对当前的话题或提问者感到紧张。相反，如果这个人在交流时手部十分放松，则说明他内心较为镇定自然。

6. 挥舞双手

有些人在进行公开演讲或面对面交流时，喜欢挥舞双手，甚至猛地向前伸出手臂，像“指挥棒”一样。这种动作表现出力求突出或强调讲话内容的意愿，想让对方重视自己的观点。在讲话中常常使用这种手势的人往往比较自信、果敢、有魄力。

7. 塔尖式手势

塔尖式手势是指双手手指的指端一对一地触碰到一起，但手掌没有接触，从形状上看，就像教堂的塔尖一样（如图 4-2 所示）。这种手势代表着强烈的自信和优越感，是在会议商讨时常见的手势。同时，塔尖式手势也可以用来对他人进行评价，如果在积极态度之后，就是积极反馈；如果在消极态度之后，就是消极反馈。例如，在公司年终总结大会上，有下属汇报工作，领导进行点评。当领导出现身体前倾、点头等积极动作之后，做出塔尖式手势，那么证明这个员工的汇报得到了他的认可；反之，如果领导频繁地身体后倾、双手伸展抱头，然后做出塔尖式手势，那么这个员工可能入不了他的法眼。

图 4-2　塔尖式手势

8. 双臂抱胸

双臂抱胸是一种典型的防守姿态，这种姿势来源于儿童时自卫姿势。我们在五岁左右时，一旦遇到危险就会紧紧地抱住自己并躲藏起来。随着年龄的增长，我们学会了掩饰，会通过稍稍放松手臂来掩饰自己内心的恐惧，从而形成了双臂抱胸这一动作。当我们遇到有风险的事情时，就会下意识地将一只或两只手臂抱于胸前，用自己的肢体形成一道身体防线，抵抗外来的危险，达到保护自己的目的。

9. 脚也能说话

英国心理学家蕾切尔·莫里斯（Rachel Morris）曾经得出一个非常有趣的论断："人体中越是远离大脑的部位，其可信度越大"。这是因为这些部位远离脑干，控制它们需要耗费更多的精力。脚是人体中距离大脑最远的部位，从这一观点上来看，脚能够反映出很多真实的内容，这也被称为"脚语"。

"脚语"最直接的表现就是通过走路的状态反映人的性格特点。通常情况下，性格开朗的人，走起路来大步流星，脚步声比较重；相反，性格内向的人，走路缓慢而踏实。成熟老练的人，走路很稳，步伐很有节奏。如果一个人看上去非常强壮，但是走路却小心翼翼，那么他多半是一个外粗内细的精明人，做事情时喜欢以粗犷的外表掩盖严密的章法；如果一个端庄秀美的女子走起路来却急急忙忙，脚步不仅沉重而且凌乱，那么她可能是个性格开朗、心直口快的痛快人①。

此外，脚尖指向也会告诉我们很多信息。人们会无意识地将身体转向自己亲密的人或想要做的事。当与关系较为亲密的人在一起时，我们会很自然地把身体朝向对方，不仅是脸，就连膝盖和脚尖都会不自觉地朝向对方，同样，如果不喜欢对方或者想要快速逃离当下的状态，脚尖就会指向门或出口。

10. 双手叉腰站立

双手叉腰站立是一个复杂的微动作，代表着多重含义。首先，叉腰表示了内心的抗议，是对外部刺激的挑战。此外，叉腰也表示自信和心理上的优势。如果双脚分开比肩宽，整个躯体显得膨胀，往往存在着潜在的进攻性（如图 4-3 所示）。若再加上脚尖拍打地面的动作，则暗示着领导力和权威。

图 4-3 双手叉腰站立

① 邓兮 . 肢体语言心理学［M］. 北京：中国纺织出版社，2020.

11. 背手站立

背手站立的人往往具有很强的自信，喜欢控制局势，或自恃是居高临下的强者。这种行为不只发生在交流时，习惯背手站立的人甚至走路时都是将手背后的。

12. 站立时用脚尖拍打地面

站立时喜欢用脚尖拍打地面的人，是有自恋倾向的完美主义者，他们对自己和他人都有较高的要求，希望获得他人的认同，却听不进去他人的意见，因此会在他人说话时下意识地用脚尖拍打地面，表达自己的不耐烦。

四、“喜怒于色”——从微表情感知对方

正如上文所说，表情也是视觉传达的一部分，其中，微表情是脸部一闪而逝的、下意识的表情变化，融合在不同的表情之间，持续时间仅仅为 0.04 秒 ~0.2 秒。微表情主要体现人们在面部肌肉、眼、眉、嘴的细微变化，能够反映出他内心的真实状态，有助于我们从感性层面进行人才画像。然而，微表情不像动作那么明显和持久，它难以被发现，观察人需要经过特定的训练。以下介绍几种较好识别的微表情，适合零基础的人员使用。

1. 多次眨眼

眨眼是人们眼部经常做的动作，正常情况下，人们每分钟眨眼 14~16 次，如果处于一种极其放松的心态，每分钟会眨眼 6~8 次，具体次数取决于光线、空气湿度、气温，以及其他环境因素和当前正在做的事情。然而，当我们感到有压力、心理焦虑，或者想要掩盖某些内容时，则会快速眨眼（疾病原因除外），次数远超于平均情况。

2. 眉毛上扬，双眼睁大

双眼睁大传递出的信息有很多，最常见也是最好分辨的就是惊讶的心情。在我们感到惊讶时，眉毛会上扬，如果是中年人，前额皱纹会加深，同时，眼睛也会睁大，上眼

睑上升，眼球上方露出更多的眼白，嘴巴不自觉地张开（如图 4-4 所示）。惊讶的表情不会超过一秒钟，如果时间过长，则说明已经不是下意识的反应了。如果是惊喜的表情，就会在惊讶的基础上，眉梢上扬，嘴巴张开时嘴角微微上翘。

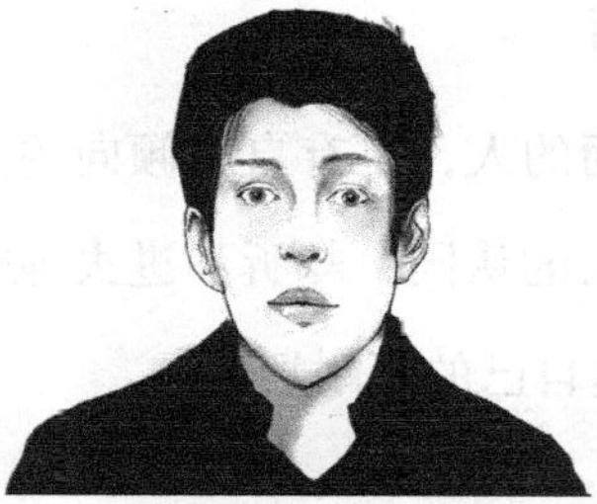

图 4-4　眉毛上扬，双眼睁大

3. 双眉下压

双眉下压是愤怒表情的一个明显特点。生物学家查尔斯・达尔文（Charles Darwin）认为，眉头下压表示遇到了麻烦，同时，他推测眉头下压可以在注视困难时减少眩光，随后演变为不管遇到什么样的困难都会出现的习惯性动作。因此，当我们处于厌恶、困惑、为难、深思等情绪中时，双眉就会不自觉地下压。当然，单单是双眉下压还不能完全确定这个人处于愤怒情绪中，还需要观察对方眼睛是否睁大。当双眉下压、眼睛睁大时，对方就会自然而然地形成愤怒的表情（如图 4-5 所示）。

图 4-5　双眉下压

4. 舔嘴唇

人们在巨大的压力面前，通常会感到口干舌燥，于是会用舌头不断地舔舐嘴唇让它湿润些。同样的道理，当我们感到不自在或紧张时，也会反复舔舐嘴唇，以此来安慰自己，并试图让自己变得镇定。这一表情的发生速度往往较快，有时也会伴随着轻微的抿嘴。

5. 嘴唇紧抿

嘴唇紧抿的同时鼻孔轻微外翻，是典型的控制怒气的表现（如图 4-6 所示）。在这一阶段，人们能够控制住怒气，不想发泄出来。伴随着几个深呼吸后，这一表情就会慢慢消失，或者将怒气直接爆发出来。

图 4-6　嘴唇紧抿

6. 高抬或撅起下巴

高抬下巴是一种显示威严的方式。在人际交往中，如果他人抬起下巴，同时眼睛向下望着注视对方，就说明没有将对方放在眼里，对对方说的话持不同意见。当一个人高抬下巴时，他的胸部及腹部也会相应的突出，给人一种盛气凌人的感觉，因此这是一种目的性比较明确且较容易分辨的微表情。

与高抬下巴类似的微表情还有撅起下巴，它表现出一种愤怒的状态。如果有人习惯性地撅起下巴，他的内心可能充满负面情绪，比较消极，要使用这种方式来抒发自己的不满。

7. 鼻子皱起

鼻子轻微皱起，是不耐烦、厌恶的表现（如图 4-7 所示）。厌恶是一种反感的情绪，部分人除了鼻子皱起外，还会在微微张口后闭合，更直观地表现出这种情感。

图 4-7　鼻子皱起

8. 嘴角上扬

嘴角上扬有时是表示开心，但如果是一侧的嘴角微微上扬，那极有可能是轻蔑的代名词（如图 4-8 所示），表现出的是对他人的嘲讽和对观点的不以为然。

图 4-8　嘴角上扬

五、“习惯成自然”——从交流特点感知对方

经过上文对微表情和微动作的介绍，我们知道这两种行为是对情景的即时反应，能够在不经意间传达出内心对特定事件或人的真实想法。在交流时，人们还会有一种行为表现，它不是反应式的，而是习惯式的，是在交谈时经常采取的特定行为。这些特定行为最初产生于幼年阶段，随着年龄的增长慢慢变为沟通中的动作、表情和语言习惯。人们可以通过提前准备讲话的内容来掩饰自己的真实想法，但交流时的习惯都是下意识的，即使事前特意安排，也会因为大脑在组织语言，而忽略对动作、表情和语言习惯的控制。因此，观察他人的交流特点，也可以了解其性格特征。

1. 倾听与打断

有些人在他人讲话时不会着急插话或是回话，而是静静地倾听，并一直面带微笑地看着对方。当然，这并不意味着他们赞同对方的观点，微笑只是掩饰其内心最得体的方法。这类人的个性通常是做事不露锋芒，不爱表露自己的真实想法，喜怒不形于色，谨小慎微，比较会处理人际关系。

在谈话中打断他人的发言，然后表达自己的观点，是一种粗鲁的交流行为。这种行为说明他们把自身的需求放在第一位，不在乎别人的想法，不相信他人的观点。这类人无法自控，焦虑不安，却又想控制一切。有趣的是，有些人在打断他人后，也很难清楚表达自己的想法。

2. 一边说话一边点头

自信的人在公开讲话或与他人谈话时，往往习惯一边说话，一边点头。点头是对自己讲述内容的肯定，并下意识的表现出来。同时，他们也具有积极的行动力，能在做事时一鼓作气，但往往不喜欢他人的意见。

3. 手不停地抚摸下巴

抚摸下巴是部分人思考时的习惯性动作，表示他已经陷入了沉思，这可能是对说话的内容展开了深入思考，也可能是在进行与谈话无关的思考（如图 4-9 所示）。常常在谈话时抚摸下巴的人总喜欢想东想西，但从来不会想到去算计别人，只是在某些时候会陷入思考的迷宫中。同时，他们比较敏感，如果想告诉他们什么事情，不要采用暗示的方式，这可能会使其胡思乱想，从而偏离了本来的含义。

图 4-9　抚摸下巴

4. 爱说别人坏话

有些人在交谈时，往往会习惯性地插入一些搬弄是非的话，或者在交谈结束后，继续拉住你说某人的坏话。这类人希望自己强大，但是自我感觉不好，不相信自己，所以习惯性地用贬低他人来满足自己。

5. “我”和“我们”

在进行团队交流时，习惯说“我怎么样”“我做了……”的人往往性格比较强势，喜欢突出自己的行为和角色。他们希望由自己来控制局面，成为团队中的焦点。相反，喜欢说“我们计划”“我们打算……”“大家一同……”的人，在为人处世上更加周全，能够照顾他人的想法。

6. 拐弯抹角

有些人说话永远不直来直去，总是要绕一下，即使事先准备了说话的内容，也会在真正说出时拐弯抹角。这类人往往不想给自己找麻烦，任何时候都希望能维持现状，不愿发生改变。这种习惯来源于这类人 5~8 岁时的思考行为。在这一年龄，我们开始考虑什么该说，什么不该说，如果考虑不当，或者父母采用了不合适的教育方法，我们就会对直接的表达方式产生畏惧心理。

7. 多次重复

千叮咛万嘱咐是一种控制倾向的表现，主要目的是想知道事情是否按照他的意愿完成，这种交流习惯主要发生在交代事情时。这类人不认为对方能够把事情做好，反复重复也是为了让自己放心，让事情按照自己的意愿发展。

8. 自嘲

自嘲是幽默的最高境界。这类人应变能力强，性格豁达乐观，擅长自我安抚，内心强大，在感到气氛紧张时会把自己作为调侃对象。然而，他们的表现欲望过于强烈，希望受人关注，因此有可能会不分场合地发挥自己的幽默感。

马克·吐温（Mark Twain）幼年时父亲收入微薄，他小小年纪就开始谋生。在大哥的引荐下，小马克·吐温来到一家报馆当学徒，早晨起来生火、提水、打扫办公室；白天在烛光下手工排版、折叠纸张、把 350 份报纸包好去邮寄；每个星期四，天不亮就得把周刊送到镇上 100 多位订户手里。辛酸的童工生活，磨炼了马克·吐温的意志，使他学会了使用幽默的方式来自我排解，这种幽默感也伴随着他的一生。

在成为作家后的一天，马克·吐温来到一个小城市，他想找一家旅馆过夜。

旅馆服务台上的职员请他将名字写到旅客登记簿上。马克·吐温先看了一下登记簿，他发现很多旅客都是这样登记的：拜特福公爵和他的仆人，亨特伯爵和他的随从……这位著名的作家于是写道：马克·吐温和他的箱子。

9. 附和与抵触

有些人在他人说完话后，会习惯性地表示赞同，常说“对啊”“是啊”。他们的人际关系往往不错，处事比较圆滑。如果这个人在赞同的基础上，还会习惯性地恭维对方，就能够说明他们的洞察力很强，能够随机应变。

相反，有些人习惯反对别人，提出一些不同的观点来炫耀自己。当他人说东边是对的时候，他们一定会说西边是对的。当人们说南边有好处的时候，他们一定会持否定的观点，然后告诉人们其实最好的地方在北边。这种人觉得自己处处受到威胁，为了保护自己的自信心，会习惯性地抵触他人。

第五章

心理测验技术是绘制画像的科学基础

虽然感性认知能够初步洞察到他人的个性特征，但这是远远不够的。一方面，感性认知需要时间的积累，另一方面，感性认知的误差也较高。这时，我们就需要利用心理测验技术，通过科学的手段来挖掘人才深层次的个性特征与能力特点，验证并补充感性认知的成果，从而为人才画像提供更多的科学信息。值得注意的是，由于测评工具的开发周期长、开发难度大，对于专业人员来说也是一种挑战，因此，我们在本章主要介绍市面上已有的、较为成熟的工具，供读者选择或直接应用。当然，除了这些工具之外，大家也可以联系测评技术公司购买一站式服务。

一、什么是心理测验技术

孔子有一位学生名叫宰予，他能说会道，给孔子留下的第一印象十分不错。但在后来的相处中，孔子渐渐发现宰予十分懒惰，学习态度也不好，白天不去听孔子讲课反而在床上呼呼大睡。为此，孔子还骂他“朽木不可雕”。孔子的另一个弟子叫澹台灭明，字子羽。因为子羽长得很丑，孔子最初并不喜欢他，认为他不会成才。子羽拜师后学习非常努力，为人处世也十分正派，后来成长为一位著名学者。孔子得知后，感慨地说："吾以言取人，失之宰予，以貌取人，失之子羽"。（我只凭着言辞去判断一个人的品质，结果对宰予的判断是错的；我只凭着相貌去判断一个人的品德能力，结果对子羽的判断也是错的。）

所谓心理测验，就是依据心理学理论，通过科学、客观、标准的方法对人的特定素质进行测量、分析和评价。根据测验对象的不同，心理测验可以分为人格测验、能力测验、兴趣测验和道德测验等。详细来说，心理测验有以下四个要点。

（1）心理测验是对行为的测量。人的心理无法直接测量，只能通过外显行为间接衡量，当然打喷嚏、打呼噜等反射性行为不在测量的范围内；同时，内部心理活动也不是心理测量的内容，如我想要做什么，我内心的转变等。

（2）心理测验是对一组行为样本的测量。在不同的环境下，人会感受到不同类型的刺激，从而做出相应的反应。如果我们只抽取个别行为，必然无法反映真实的情况。

（3）心理测验是一种标准化的测验。心理测验的一个重要目的就是其结果可以用来比较。为了保证比较的公平性，在测验实施、计分等程序上，要做到一致化、标准化。无论被测者是谁，测验的环境如何，都能得到相对稳定的结果。

（4）心理测验是一种力求客观化的测量。无论哪种测验技术，都要尽可能排除主观影响。

心理测验的质量水平不仅取决于测验工具，也取决于测验的实施者，如测验者的个人倾向、被测验者的不同情绪动机及外界干扰等，都会影响到测验的可靠性和有效性。因此，如果企业计划开展测验活动时，要注意在实施、评分、计分和解释等环节遵循统一的科学程序，具体表现在以下四个方面。

1. 统一的指导语

指导语是测验时首要展示的部分，一般出现在开头，主要是对测验目的、内容、测验形式、作答方法与要求等方面的简要解释。进行面对面测验时，可以由测验的组织者统一宣读指导语，或由被测验者自己阅读。个别测验中的指导语是由测验者进行讲述的，这时，测验者必须严格按照指导语来讲述以免主观发挥。同时，要保证对不同被测者的态度和语气是一致的。

2. 统一的时限

一般的心理测验是难度与速度相结合的测评，通常会有时间上的限制，被测者应该在规定的时间内完成测验。为了保证测验结果的准确性，以及横向比较的公平性，需要测验者进行监督和管理。

3. 统一的评分

评分的客观性和公平性是测验结果的重要保证，心理测验一般设立了明确的评分标准，测验者要严格按照评分标准给予客观的分数，避免出现漏项、漏分等现象。

4. 应用常模

常模是对测验分数进行分析和解释的参照系标准。一般来说，测验原始分数的意义是不明确的，如一个学生的数学成绩是 90 分，但只有分数并不能代表什么。当其他同学都是 95 分以上时，90 分就成了低分；如果其他同学的成绩都徘徊在 80 分，那么 90 分无疑就是高分。这时，我们就需要班级排名来确定 90 分的意义。常模就像排名名单一样，是解释测验分数的基础。

常模一般由三部分构成。首先是原始分数。原始分数是指对比被测者的测验结果与标准答案得出的测验分数。第二部分是导出分数。在心理测验中，原始分数本身的意义不大，必须建立一个参考标准，这种标准告诉我们如何将原始分数转化为导出分数，一般测评工具中都会给出原始分数转换导出分数的方法。最后一部分是对常模团体的有关具体描述，以及他们导出分数的区间。常模团体是由具有某种共同素质特征的人组成的群体，如儿童群体、成人群体等。

常模也分为三种类型。第一种是发展常模，指在某一年龄时，心理发展的平均水平，用于衡量被测者已达到的发展水平在同年龄段中的情况；第二种是百分位常模，指出了被测者在总体人群中的相对位置，百分比越低，该被测者所处的位置就越低，这种常模的应用范围最为广泛；第三种是标准分常模，通常是将原始分数与平均数的距离以标准差为单位来表示的量表，大家熟知的 IQ 就使用了标准分常模。

虽然常模理解起来较为复杂，但所有的测验工具都会提供对照式的材料。在应用常模时，测验者只需要根据原始分数计算出导出分数，然后拿着导出分数看相应的常模解释材料，就可以正确判断分数的含义。

相较于应用心理测验技术，选择合适的测验工具对于企业管理者来说更为困难。为了降低难度，我们选取了以下几个较为成熟且被广泛使用的测验工具。

二、人格测验——真正了解人才的个性

人格，也称个性，是人们具有的独特的、稳定的对待现实的态度和习惯化的行为方式，是一个人区别于其他人的稳定的心理特征。人格往往贯穿于人的一生，影响着长期的行为选择。正是人格的这种特点，为我们绘制画像推断个人的未来行为表现提供了重要参考。

人格是人员素质的重要组成部分，人格测验也是心理测验技术的重要组成部分。现有的人格测验种类繁多，在 2021 年出版的《心理测验年鉴》第 21 版（*The Twenty-First Mental Measurements Yearbook*）中，收录了 800 多个人格测验，约占所有测验的 21%。人格测验通常有问卷类和投射类两大类。前者是由涉及个人思想、行为等方面的选择题

或简答题组成，要求被试根据自己的经历或当下感受快速作答。后者采用一些意义多样的刺激，如墨渍、无结构的图片等，让被试在不受限制的条件下做出反应。这种测验更需要专业的人员对反应进行记录，并从中抽离出测验需要的材料。

1. 问卷类测验工具

（1）卡特尔 16 种人格因素测验

一提到人格测验，我们首先想到的就是卡特尔 16 种人格因素测验，它是人格领域中的经典测验之一，其科学性得到了世界的广泛认同。

卡特尔 16 种人格因素测验简称 16PF，是由美国伊利诺伊州立大学雷蒙德·卡特尔教授（Raymond Cattell）经过几十年的系统观察和科学实验编制而成的一种精确测验。这一方法的产生最早源自英国科学家弗朗西斯·高尔顿爵士（Sir Francis Galton）的研究，他在 1884 年提出用人格特征的词汇描述人的个性："我检索了很多词典的目录，发现有一千多个描述性格的词，有些词的意思差不多，但又有微妙的差异。"[①] 受到这一思路的影响，美国心理学家高尔顿·阿尔波特（Gordon Allport）和亨利·奥德伯特（Henry Odbert）整理发表了一份史无前例的人格词表，包含 17 953 个英文单词。经过卡特尔的浓缩，最终提取出 12 个因素，加上自己发现的四个因素，形成了 16 个各自独立的人格根源特质。

卡塔尔认为，每个人的人格都包括这些特质，但它们的强度有高有低，从而产生了不同的组合，构成了每个人与众不同的独特人格。表 5-1 展示了这 16 种人格特质的名称和含义。

表 5-1　16 种人格特质的名称和含义

因素	特质名称	低分含义	高分含义
A	乐群性	缄默孤独	乐观、外向
B	智慧性	迟钝、学识浅薄	聪慧、富有学识

① 源于《性格评估》（*Measurement of Character*）

（续表）

因素	特质名称	低分含义	高分含义
C	稳定性	情绪激动	情绪稳定
E	恃强性	谦逊、服从	好强、固执
F	活泼性	严肃、审慎	轻松、兴奋
G	有恒性	权宜敷衍	有恒、负责
H	敢为性	胆怯、退缩	冒险、敢为
I	敏感性	理智、看重实际	敏感、感情用事
L	怀疑性	信赖、随和	怀疑、刚愎
M	幻想性	现实、合乎成规	幻想、狂妄不羁
N	世故性	坦白直率、天真	精明能干、世故
O	忧虑性	安详沉着、有自信心	忧虑抑郁、烦恼多
Q1	变革性	保守、服从传统	自由、批评、激进
Q2	独立性	依赖、附和	自立、当机立断
Q3	自律性	矛盾冲突、不明大体	知己知彼、自律严谨
Q4	紧张性	心平气和	紧张困扰

乐群性（A）指的是个体所属于的群体的认可和参与程度，乐群性维度得分高的人外向、热情，通常和蔼可亲，合作与适应的能力特强，喜欢和别人共同工作，不斤斤计较，容易接受别人的批评，与人萍水相逢也可以一见如故；乐群性低的人孤独、冷漠、固执，喜欢吹毛求疵，愿意独自工作，对事而不对人，不轻易放弃自己的主见，为人做事的标准很高，严谨而不苟且。

教师和推销员多是高A，而物理学家和工程师则多是低A。前者需要时时处理人与人之间的复杂情绪或行为问题，却始终保持乐观的态度。后者必须极端的冷静严谨才能圆满完成任务。

目前，主流的16PF测量问卷有187道题目，每个特质需要由10~13个题目测量得出，施测时间大约为45分钟。题目的排序遵循轮流的原则，从而有效地降低了被试猜题造成的误差。为了降低题目的表面效度，题目的问法相对比较中性，尽管一些题目看起来与某种人格特质有关，但是实际上测量的可能是另一种人格特质，这样就有效地降低了社会赞许性[①]造成的误差。表5-2展示了16PF测量问卷中的部分题目。

表5-2　16PF测量问卷题目示例

有机会度假时，我宁愿选择：		
A．去一个繁华的城市	B．介于A与C之间	C．闲居清净而偏僻的郊区
我有足够的能力应付苦难：		
A．是的	B．不一定	C．不是的
看见关在铁笼内的猛兽也会使我感到惴惴不安：		
A．是的	B．不一定	C．不是的
我总避免批评别人的言行：		
A．是的	B．有时如此	C．不是的
我的思想似乎：		
A．走在时代的前面	B．不太一定	C．正符合时代
我不擅长讲笑话：		
A．是的	B．介于A与C之间	C．不是的

通过对16种人格特质进行测评，我们可以获得被试在每种人格特质上的得分，了解他们每一个侧面的具体情况，及其整体的人格特征组合情况。此外，16种根源特质还提供了多种解读方式，通过组合某几个特质的得分，可以获取个体性格的适应与焦虑、内向与外向、感情用事与安详机警、怯懦与果断等次级人格特征以及心理健康状况、人际关系情况、职业性向、在新工作环境中有无学习成长能力等综合人格特征。

① 回答者故意做出符合社会期望的回答。

心理健康状态几乎是人们取得事业成功的基础，心理不健康者，其学习及工作效率都会降低。高校辅导员的工作琐碎，还要负责疏导学生的心理压力，及时解决学生的生活问题，因此，某高校在招聘学生辅导员这一职位时，除了关注专业能力外，更重视应聘者个人的心理健康情况。

在面试前，所有应聘者都被要求完成16PF人格测验，测验结果回收后，由专业人员计算出其心理健康方面的得分，方法如下：

情绪稳定（高C），轻松、兴奋（高F），有自信心（低O），心平气和（低Q4），推算公式为：C+F+（11-O）+（11-Q4）。心理健康者标准分通常介于0~40分，均值为22分，一般低于12分者的心理情况不太稳定。

根据测验结果，高校招聘组对每个应聘者的心理健康状况有了初步了解，并决定在面试中更关注低分者的动作，同时对高分者适当采取压力面试，进一步评判其与职位的适配程度。

（2）大五人格测验

与16PF一样，大五人格测验也是人格领域中经典的测验之一，它与16PF同出一源，都是基于高尔顿爵士的研究发展而来。不同的是，美国心理学家厄内斯特·托普斯（Ernest Tupes）和雷蒙德·克里斯托（Raymond Christal）认为，卡特尔的研究还能够继续提炼，并发现不管是男性还是女性，是高中学历还是研究生，是在课堂还是在宿舍做测试，不管是自我评价还是让专业人士辅助评价，最后都能提取出五个因素，每个人的个性都会涉及这五个因素，只是强弱不同，这些因素就被称为大五（Big Five）。

经过长期发展后，大五因素的含义或多或少发生了一些变化，目前公认的五个因素如下。

外倾性（extraversion）：一个人对于与他人间关系的满意程度；

责任感（conscientiousness）：一个人对待事物的专心、集中程度；

开放性（openness to experience）：一个人兴趣的多少及其对兴趣的投入；

亲和性（agreeableness）：一个人对于他人的态度；

神经质或情绪稳定性（neuroticism）：一个人在不同的刺激下情绪的平稳程度。

由于这五个因素的首字母可以组成“Ocean”，因此大五人格要素也被称为人格的海洋。

大五固然好，但是只用五个方面来评价他人还是显得有些笼统，为了增强这一方法的预测准确性，一些学者进一步探索每个因素下的子维度，并在测验中体现出来。如被广泛使用的 NEO-PI-R 量表将大五因素细分为 30 个特质（如表 5-3 所示），共设计了 240 道题目，被试从“非常不赞同”到“非常赞同”中选择符合自身情况的内容（如表 5-4 所示）。

表 5-3　大五人格 NEO-PI-R 预测指标

大五人格	外倾性 E	责任感 C	开放性 O	亲和性 A	神经质 N
子维度	热情性	胜任感	幻想	信任	焦虑
	乐群性	条理性	美感	坦诚	愤怒、敌意
	自我肯定	责任心	情感	利他性	抑郁
	活跃性	事业心	行动	顺从性	自我意识
	刺激追求	自律性	观念	谦虚	冲动性
	正向情绪	审慎性	价值	温存	脆弱性

表 5-4　大五人格测验问卷题目示例

维度		题目	非常赞同	比较赞同	不确定	比较不赞同	非常不赞同
外倾性 E	热情性	我的确喜欢我遇到的大部分人					

（续表）

维度		题目	非常赞同	比较赞同	不确定	比较不赞同	非常不赞同
外倾性E	热情性	与别人聊天并不会使我得到许多乐趣					
		别人认为我是一个热情、友好的人					
		我的确有些冷淡，并与别人保持距离					
		我确实喜欢与别人交谈					
		我感到对陌生人微笑和与之交往是一件很容易的事情					
		我对朋友有深厚的感情依恋					
		我时常关心与我一块工作的人们的生活情况					

改进后的大五人格测验指标有30个，其解释和应用的方式也非常灵活，使用范围十分广泛。一方面，大五因素的分数高低都有各自不同的特点（如表5-5所示），可以用来预测复杂的人格特质，便于我们绘制人才画像、预测绩效结果等。例如，有研究发现，责任感能广泛应用于预测不同职务者的工作绩效，责任感越强的人，绩效就会越好。

表5-5　大五人格各维度高低分个性特征

外倾性	高	性格外向，充满活力，热情洋溢，喜欢与人相处、参加交际活动，愿意成为人们关注的中心
	低	性格内向，缄默和恬静。喜欢独处，独自活动。社交范围一般局限于少部分亲密的朋友
责任感	高	目标明确，并且能够坚持到底。人们认为你值得信赖，而且工作刻苦
	低	喜欢沉浸在当前的感受中，并且从事现在感觉良好的事情。在工作时往往疏忽大意和缺乏组织性
开放性	高	具有较强的想象力和洞察力，渴望体验新事物，兴趣广泛，具有创造力和冒险精神
	低	喜欢在简单和朴素的条件下思考。别人形容你是务实和保守的
亲和性	高	对于他人的需要、健康和快乐具有强烈的兴趣。是合意的，具有同情心的，善于与人合作的
	低	较少关注他人的需要，而更多关注自己的需要。人们把你看作强硬的、苛求的、不妥协让步的

（续表）

神经质	高	容易悲伤、心烦意乱，甚至喜怒无常。面对压力时会十分焦虑。人们认为你是敏感多情和情绪化的
	低	有较好的情绪弹性，很少感到悲伤或抑郁。面对压力时能够保持稳定或冷静的状态

另一方面，五个人格因素中的细分指标可以单独预测个人的人格特质，判断其在这个维度上的相对程度，从而预测其在未来工作中的表现和可能出现的行为、结果等。设置时要充分考虑指标的独立性，每一个指标可以单独代表一个人的某方面特质而与其他指标不相关，但是管理者在使用这个测量工具的时候也需要全面考虑，因为一个人的人格特质是复杂且可变的，通盘考虑可以使测量工具得到更加科学的运用。

某银行发现，客户经理的性格特点与业绩高度相关。较为外向、愿意与他人沟通、有意愿积极参与团体活动的客户经理，能够更好地维护客户关系，完成存款、基金销售等目标。因此，在对客户经理这一职位进行人才画像时，重点关注了乐群性这一指标。

乐群性指的是个体对于所属群体的认可和参与程度，当这一指标较高时，表明个体对于自己所属的群体的身份较为认可，更有可能做出对群体有利或是维护群体利益的行为；反之，当这一指标较低时，个体可能缺乏对于所属群体的认可，从而在团队合作、工作配合中表现不佳。

（3）艾森克人格问卷

艾森克人格问卷（Eysenck Personality Questionnaire，EPQ）是英国伦敦大学心理系推出的人格测量工具，由心理学家汉斯·艾森克（Hans Eysenck）及其夫人编制。在艾森克的人格研究过程中，他先后编制了几个人格问卷。1952 年，他第一次正式发表了莫斯莱医学问卷，1959 年发表了莫斯莱人格调查表，1964 年发展成艾森克人格调查目录。在这些量表的基础上几经增改和修订，最后于 1975 年编制成现在的艾森克人格问卷。

艾森克人格问卷基于艾森克的人格整合理论，他将人格分为三个维度——内外倾（E）、神经质（N）和精神质（P），并认为每个人都具有这三个维度的特征，只不过表现的程度有所差异，构成了千姿百态的人格结构。其中，E 维因素与中枢神经系统的兴奋、抑制的强度密切相关；N 维因素与植物性神经的不稳定性密切相关。

基于这套理论，EPQ 问卷分为四个分测验，包括 E 量表（测量内外倾）、N 量表（测量情绪的稳定性，又称神经质）、P 量表（测量精神质）和 L 量表（测量效度）。除了前三个量表分别测验相关的人格维度外，L 量表测量被试的“掩饰”倾向，即不真实的回答，同时也有测量被试的淳朴性的作用。各量表不同得分者的特征如表 5-6 所示。

表 5-6　各量表不同得分者的特征

E 量表	高分特征	外向，擅长交际，愿意与人交流，感性的；喜欢刺激和冒险；冲动，有时会不顾后果，不负责任
	低分特征	内向，喜欢独处，对外人较为缄默冷淡；喜欢稳定、熟悉的环境，喜欢按部就班的生活与工作方式
N 量表	高分特征	常常焦虑、沮丧、紧张；做事不自信，缺乏自主性；情绪起伏大，有时会有负罪感
	低分特征	情绪稳定，温和，擅于控制情绪；面对压力或刺激时，不会产生过激的反应
P 量表	高分特征	以自我为中心，难以适应外部环境；有侵略性，喜欢操纵别人；追求目标的达成；教条、固执
	低分特征	能和善地与人相处，关注他人的心理情况
L 量表	高分特征	回答有掩饰，也可能较为成熟老练。它本身也代表一种稳定的人格功能
	低分特征	无明显含义

艾森克人格问卷是一个典型的自测问卷，每个题目只要求被试回答一个“是”或“否”，而且一定要做出回答。测试者发卷后向被试说明方法，由他逐条回答。既可以个别进行，也可以团体进行。成人版问卷共有 90 道题目，表 5-7 展示了部分例题。由于题目普遍较短，且只需要回答“是”与“否”，因此方便快捷，同时，L 量表的设计也能确

保问卷的结果较为可信。

表 5-7　问卷题目示例

1．你是否有许多不同的业余爱好	是（ ）否（ ）
2．你是否在做任何事情以前都要停下来仔细思考	是（ ）否（ ）
3．你的心境是否常有起伏	是（ ）否（ ）
4．你曾有过明知是别人的功劳而你去接受奖励的事情吗	是（ ）否（ ）
5．你是否健谈	是（ ）否（ ）
6．负债会使你不安吗	是（ ）否（ ）

艾森克人格问卷的三个维度可以单独预测个体的特征，并且在每一个维度上得到分数后，可以根据分数的特点绘制相应的个性问卷剖析图，以此更加清晰和明确地预测个体的人格特征及其未来可能表现的行为。另外，由于这个测量工具所得结果的连续性，其可以更好地比较不同人之间的人格特质，而不必担心太过相似的问题。

企业在对某销售人才进行人格测评时，发现其测评结果与领导和同事感性认知的结果有很多矛盾之处，使用其他测评工具再次进行测评后发现，两次测评的结果也有一定的出入。经工作小组讨论，认为该员工可能对测评内容有所防范，对部分题目做出了与自身情况不符的回答，随后决定应用艾森克人格问卷进行测验。测验结果表明，该员工的 L 量表得分较高，表现出较强的掩饰倾向。为了获得更准确的人格测验结果，工作小组选择再次进行投射测验（主题统觉测验），测评结果作为人才画像中的人格部分内容。

另外，EPQ 的测量维度之间也有相应的相互关系，同单独的维度一样，相互之间的关系也有对应的剖析图，可以根据个体的得分将两个不同的维度放入一个表中，来组成一个特征维度象限图（如图 5-1 所示），以此观测个体更为复杂的人格特征。

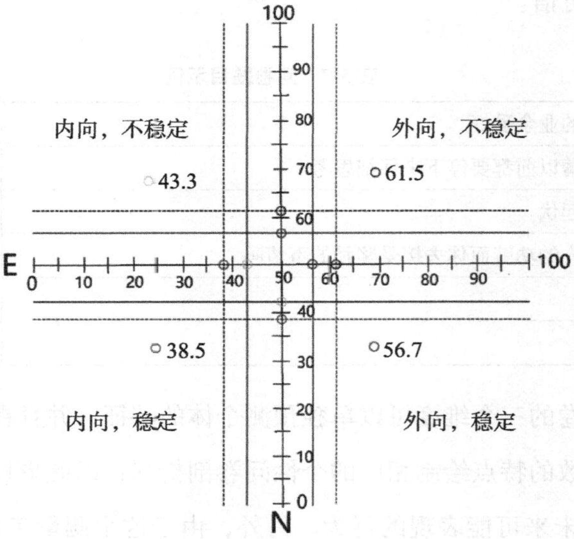

图 5-1　特征维度象限图

（4）全面个性指标评估

全面个性指标评估（Comprehensive Personality Inventory，CPI）是由禾思才景自主开发设计[①]的个性测量工具，包含130道题。该工具基于大五人格特质理论和长期对中国企业的研究，提出了对工作岗位具有核心预测作用的39项个性指标，并按照心理学标准分类方法，将这些指标分成了“思维、人际、意志”三个大类（如表5-8所示）。其中，思维是指个体处理与世界的关系，关注与处理事情相关的个性特征；人际是指个体处理与他人的关系，关注与人际问题相关的个性特征；意志是指个体处理与自己的关系，关注与内在驱动力相关的个性特征。在测量上，该问卷采用迫选式来进行评估，即强迫被试选择是否符合来提高测试的准确性（如表5-9所示）。

① 资料来源于禾思咨询官方网站。

表 5-8　CPI 个性预测指标

思维部分	人际部分	意志部分
乐观性	关怀性	勇气性
轻松性	活跃性	抱负性
稳定性	敏感性	规则性
忧虑性	坦率性	好胜性
灵活性	信任性	精力性
分析性	影响性	责任性
理论性	支配性	谦虚性
严谨性	自在性	成长性
果断性	独立性	效能性
批判性	乐群性	自律性
创新性	民主性	主动性
前瞻性	归属性	自知性
好奇心	公正性	坚韧性

表 5-9　CPI 问卷题目示例

每个题目包含 3 个陈述，请您根据题目描述与您的符合情况，选择相对最符合的一项和最不符合的一项（3 选 2）。		
1.	最不符合	最符合
我很少强调自己的成就或贡献		
我想做出开创性的工作成果		
我相信多数人会保持正直、不欺骗		
2.	最不符合	最符合
我相信好事终究会发生		
我会基于自己的思考做出判断		
我知道自己擅长什么		
3.	最不符合	最符合
我会成为团队关注的焦点		
我有自己的做事原则和方式		

（续表）

我认为每个人都有权力发表意见		
4.	最不符合	最符合
……		

CPI 的测量指标众多，其解释和应用方式也灵活多样。首先，对 CPI 的单一个性指标进行直接观察，可以判断出个体在这一个性上的相对优势（或劣势）以及对应的潜在风险，企业管理者可以根据这些结果对个体的性格特征做出初步判断，从而预测其未来可能发生的行为。当然，和其他的个性测量工具一样，在 CPI 中某一个性分数的高低反映的并不是绝对的个性强度，而是与其他特性相比，这一个性是强势还是弱势。

CPI 中的乐观性是指个体对事物发展有积极的看法，当这一指标分数过高时，个体可能会对遇到的事情盲目乐观，不能正视可能面临的失败；相反，当这一指标分数较低时，个体可能对未来持有悲观的想法，从而看不到自身努力的价值，不愿采取行动面对问题。

其次，CPI 的不同个性指标之间既有关联性又有区分性。通过对多个关联的指标及其得分情况进行组合，项目小组可以形成行为预测指数，从而对较为复杂的能力进行预测，如成就、抗压、理性、好斗等。相比于对单一指标进行观察，这种行为预测指标具有更强的说服力，在一定程度上提升了解释与预测的准确度。此外，项目小组在对指标进行组合并看到宏观倾向后，也要通过分析差异进行更细致的探索，不能想当然地认为一个人的某一个性显著就会拥有或缺乏其他的个性特征。

领导指数能够预测个体领导他人的动力和倾向，由个性特征中的独立性与支配性组成。当这两种个性都较高时，个体的领导指数也较高，愿意按照自己的想法做事，期望他人听从自己安排；相反，当独立性与支配性都较低时，领导指数也会较低，个体会比较依赖他人的建议或要求，不会将自己代入领导者的角色。

虽然支配性与独立性能够组成领导指数，但这两种个性并不只是同高或同低的关系。有些人也会表现出高独立性和低支配性，即坚持以自己的方式做事，但没有意愿领导他人，比较注重时间和思想的自由；或是表现出低独立性和高支配性，即顺从上级的主张，愿意放弃自己的原则，但期望在团队中树立威信。

最后，CPI 还可以帮助企业建立标准人才画像中的个性内容。通过分析职位的核心职责，项目小组可以找到工作成功的关键因素，并将其与 CPI 的个性特征相对应。当使用 CPI 的指标描绘岗位的个性特征模型时，项目小组可以根据 39 项个性指标将目标岗位的重要性划分为核心个性、多样个性和负面影响个性，塑造标准人才画像中的个性内容。表 5-10 展示了 CPI 提出的销售岗位个性特征模型（仅展示部分核心个性），在实际应用中，企业可以根据自身所处的行业、地域、岗位具体要求等信息进行调整。

表 5-10 CPI 销售岗位个性特征模型（部分核心个性）

动力信心	抱负性：卓越销售人员对自己有非常高的期望，乐于为自己设置挑战性的目标
	好胜性：销售工作本身充满了竞争，喜欢竞争的销售人员更可能表现出好胜心
	坚韧性：销售工作经常会遇到失败和挫折，因此卓越销售人员需要“脸皮厚”
人际互动	活跃性：表现活跃、行为外向会更容易与他人产生互动、建立联系
	影响性：销售工作本身即影响他人的过程，擅长谈判和说服他人的人更有可能做好销售工作
	敏感性：敏锐察觉到客户的内在特点等信息，会更有可能把握客户的需求

（续表）

结果导向	主动性：销售人员需要主动发现销售线索，知道自己应该做什么的人更可能胜任
	精力性：销售人员需要花费大量的时间和精力来处理问题，因此卓越的销售人员应该喜欢充实的生活，具备充沛的精力
	责任性：销售人员要对目标和承诺矢志不渝，确保达成目标、履行承诺
	自律性：销售人员要经受住眼前的诱惑并保持专注，对自己的行为有控制力
推动执行	勇气性：销售人员做事需要大胆
	果断性：销售过程中需要就产品的价格等因素进行谈判，更要求销售人员决策果断
…	……

资料来源：摘选自禾思才景《Comprehensive Personality Inventory 使用手册》，内容有删减

（5）MBTI 人格测评

美国心理学家伊莎贝尔·迈尔斯（Isabel Myers）和她的母亲凯瑟琳·库克·布里格斯（Katherine Cook Briggs）在深入分析荣格的心理类型理论，并结合她们对于人类性格差异的长期观察和研究后形成了迈尔斯—布里格斯类型指标（Myers-Briggs Type Indicator，MBTI）。现在它已经发展成为一种迫选型、自我报告式的性格评估测试，用来衡量和描述人们在获取信息、做出决策、对待生活等方面的心理活动规律及性格类型。

当前 MBTI 人格测评具有较高的热度，很多人出于了解自身的目的进行自发测量，也有很多的咨询公司对这一测评进行了专业的解读。在回答 145 道题后（如表 5-11 所示），MBTI 根据结果将被试的人格分为四个维度，每个维度包含两种类型（如表 5-12 所示）。不同维度倾向的人会有不同的表现，每一种倾向都会有优势和劣势。例如，外倾型的人，兴趣指向外部世界的人和事，乐于与人接近，善于与别人打交道；兴趣广泛，不介意别人打扰。其缺点是缺乏独立性，对人群有依赖性，没有别人的协助就难以开展工作。相反，内倾型的人，兴趣指向内部观念，喜欢安静；乐于独立思考，专注于各种观点的感知和判断。其缺点是不容易记住别人的姓名和长相，不愿表达想法、不坦率。

表 5-11　MBTI 问卷题目示例

1. 请选择更适合描述你的词语	A. 热诚的 B. 安静的
2. 请选择更适合描述你的词语	A. 含蓄的 B. 爱说话的
3. 请选择更适合描述你的词语	A. 富于想象力的 B. 讲究实际的
4. 请选择更适合描述你的词语	A. 温和的 B. 严厉的
4. 请选择更适合描述你的词语	A. 同意 B. 讨论

表 5-12　各维度不同得分者特征

注意力方向		认知方式		判断方式		生活方式	
E 外倾型（Extraversion）	I 内倾型（Introversion）	S 感觉型（Sensation）	N 直觉型（Intuition）	T 思考型（Thinking）	F 情感型（Feeling）	J 判断型（Judgement）	P 知觉型（Perception）

当然，除了观察单一的倾向外，项目小组也可以将每个维度中的倾向偏好进行组合。通过提取每个维度上偏好类型的代表字母，可以形成表 5-13 所示的 16 种复杂的类型，如 ISFJ，即内倾感觉情感判断型；ESFP，即外倾感觉情感知觉型。这些类型组成了个体的性格库，说明了某人的性格类型。与前面介绍的几种个性测评不同，MBTI 认为每个人只能属于某一种类型，而非在各个类型中都有涉及，由此企业可以根据个性类型对应的特征来预测个体的行为。

表 5-13　16 种性格类型

ISTJ 稽查者	ISFJ 保护者	INFJ 咨询者	INFP 导师
ESTJ 督导	ESFP 供给者	ENFJ 教师	ENFP 倡导者
ISTP 演奏者	ISFP 作曲家	INTJ 科学家	INTP 建筑师
ESTP 创立者	ESFP 表演家	ENTJ 统帅	ENTP 发明家

某公司在组织 MBTI 人格测评后，发现某位中层经理的测评结果为 INTJ 型（如图 5-2 所示）。这种性格特征的人的优势是：能看到事情的发展情况及其潜在含义；能够理解复杂而困难的事务，喜欢复杂理论及智力上的挑战；富于想象，善于创造体系，有创造性解决问题的能力，能客观地审查问题；即使在面对阻挠时也会义无反顾地实现目标；自信，对自己的设想会不顾一切地采取行动；对于胜任工作并胜出有强烈的动机；独立、自主；标准高、工作原则性强。

其劣势体现在：创造性地解决问题之后可能会对项目丧失兴趣；会像紧逼自己工作一样去逼着别人工作；对那些反应不如你敏捷的人缺乏耐心；唐突、不机智、缺乏交际手段；顽固地坚持自己的观点；过于理论化而不考虑实际情况；不愿花时间适当地欣赏、夸奖他人。

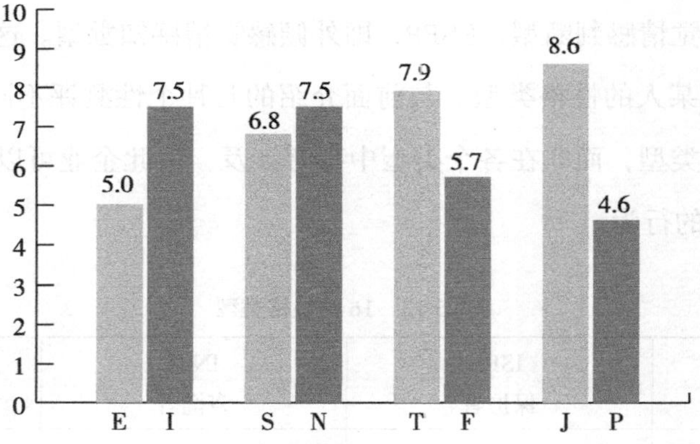

图 5-2　某中层经理 MBTI 测评结果

（6）DISC 个性测验

如果问到近年来在企业中哪种人格测验方法最为火爆，答案一定是 DISC，一方面是因为很多咨询公司与社群机构的推广营销，另一方面是因为它具有较强的趣味性和便捷性。

DISC 个性测验被认为是一种“人类行为的语言”，其是基于美国心理学家威廉·马斯顿博士（Dr. William Marston）的研究成果产生的。20 世纪 20 年代，人们对于精神层面的研究仍局限于心理疾病或是刑事案件上的精神错乱方面，马斯顿想将研究领域延伸到涵盖一般人的行为方面。为此，他采用了他认为非常典型的四个人格特质因子。这四个因子分别为支配（Dominance）、影响（Influence）、稳健（Steadiness）与谨慎（Compliance），并发表在《正常人的情绪》一书中。DISC 正是这四个英文单词的首字母。

随着研究的不断深入，DISC 个性测验的方法和内涵也得到了丰富与完善，成了和 MBTI 一样的人格分类型测验，每个人都可以找到自己的类型。当前，DISC 测验共包含 40 道题，每道题有四组词汇，被试需要凭借第一印象，选出一组形容自身在工作上最常有和最不常有的行为表现，每道题只选一个“常有”和一个“不常有”，DISC 个性测验示例如表 5-14 所示。测验完成后，超过 10 分称为显性因子，可以作为性格测评的判断依据；低于 10 分称为隐性因子，对性格测评没有实际指导意义，可以忽略。如果有两项及以上得分超过 10，就说明被试同时具备这两项个性特征。

表 5-14　DISC 个性测验示例

题目	常有	不常有
1. 愿意面对新事物		
2. 轻松自如适应任何环境		
3. 充满活力，表情生动，多手势		
4. 喜欢研究各部分之间的逻辑和正确的关系		
5. 要完成现有的事才能做新的事情		
6. 开心，充满乐趣与幽默感		
7. 用逻辑和事实而不用威严和权力说服人		
8. 在冲突中不受干扰，保持平静		
9. 易接受他人的观点和喜好，不坚持己见		
10. 为他人利益愿意放弃个人意见		
11. 认为与人相处是好玩，而不是挑战或者商业机会		
12. 决心以自己的方式做事		

DISC 个性测验的趣味性体现在对测评结果的解释上，它将个性类型分为支配型、活泼型、稳定型和完美型，并分别使用老虎、孔雀、考拉、猫头鹰进行一一对应，形象地描述出被试的行为特点和潜在个性。

具有 Dominance—支配型，老虎型的人积极进取、争强好胜、强势、爱追根究底、直截了当、坚持意见、自信、直率，是主动的开拓者。他的行为特征具有以下几点：（1）基层的组织者，有一定的前瞻性，以挑战为导向，具有创新精神；（2）不受控制、监督和琐碎事情困扰，有表达思想和观点的论坛，接受具有挑战性和机遇性的工作；（3）紧张的，有野心的，自负的；（4）制定过高的标准，不擅变通，承担过多的工作；（5）愤怒。

这四个维度具有较高的独立性，可以单独反映不同方面的特征，这就意味着一个员工可以拥有两方面以上的特征，如员工既是支配型也是活泼型，这是不冲突的。因此，测试者在运用这一工具时，需要综合分析被试的特征，以获得更加准确和复杂的个体信息。

（7）PDP 性格测试

PDP 性格测试全称为行为特质动态衡量系统（Professional Dyna-Metric Programs），能够衡量个人的行为特质、活力、动能、压力、精力等变动情况，由美国南加州大学（University of Southern California）统计学研究所与英国 RtCatch 行为科学研究所共同发明，依据个体的聚焦对象（任务或人）和反应速度（快或慢）进行个性分类。通过对超过 1 600 万人次，5 000 家企业、研究机构和政府部门的持续追踪，确定了测试的有效性。

与 DISC 个性测验一样，PDP 性格测试篇幅较短，仅有 30 道题，且每道题的表述较为简单，方便被试理解，仅需 5~7 分钟就可完成，项目小组可根据答案自行计算结果。

在题项设置上，PDP 采用李克特五级量表作为回答项，作答时，被试需要基于自我情况考虑与题目表述中的相似程度，做出唯一选择。表 5-15 展示了 PDP 性格测试的部分题目。

表 5-15　PDP 性格测试的部分题目

1. 你是一个值得信赖的人吗？				
□非常同意	□比较同意	□差不多	□一点同意	□不同意
2. 你个性温和吗？				
□非常同意	□比较同意	□差不多	□一点同意	□不同意
3. 你有活力吗？				
□非常同意	□比较同意	□差不多	□一点同意	□不同意
4. 你善解人意吗？				
□非常同意	□比较同意	□差不多	□一点同意	□不同意

在结果上，PDP 也采用了 DISC 的方式，用动物形象化表达测评结果（如表 5-16 所示）。个体的五种特性，即支配型、表达型、耐心型、精确型、整合型（整合型是没有明显特征的类型），分别以“老虎”“孔雀”“考拉”“猫头鹰”“变色龙”为代表。

表 5-16　PDP 各类型典型特征概述

类型	典型特征
老虎（支配型）	具有支配欲，喜欢掌控全局；有极强的成就心、企图心；喜欢冒险，好胜心强；对决策充满自信，专断、不易妥协；是个有决断力的组织者
孔雀（表达型）	外向，热情洋溢，乐于社交；喜欢成为人群中的焦点；善于处理关系，受人欢迎，善于建立同盟或搞好关系来实现目标；思维跳跃；很少关注细节，兴趣转移较快
考拉（耐心型）	性格温和，不易与人起冲突；对他人的情感变化十分敏感，能够顾及他人的感受，体会他人的情感变动；不愿与他人发生争执，很难坚持自己的观点和迅速做出决定
猫头鹰（精确型）	分析能力强，注重观察细节；较为理性，喜欢基于逻辑做出决定；会将事实和精确度置于感情之前，这会被认为是感情冷漠；有时为了避免做出结论，会分析过度，甚至吹毛求疵
变色龙（整合型）	是上面四种个性的整合，中庸而不极端，处事圆融，凡事不执着；善于自我调整来适应环境；没有突出的特征，在他人眼中会被认为“没有个性”

> 某企业在过去八年来一直发展迅速，2020年，财务出身的职业经理人被聘任为新任总经理，他重视效率，强调细节，对下属措辞较为严厉，使得企业的管理风格发生了巨大改变。2020~2022年，公司利润增长率迅速下滑，总经理认为公司的人员素质出现了问题，出于人才盘点和人员调整的目的，要求人力资源部组织开展高潜人才画像的绘制工作。
>
> 人才画像工作小组在为高管绘制画像时，选择了PDP性格测试作为画像的内容来源。其中，销售总监的测验结果为典型的孔雀型，这一结果也符合周围人对该总监的认识。
>
> 孔雀型的人热情洋溢，善于处理人际关系，适合从事销售类的工作，这也是他在工作岗位上做出成绩的原因之一。然而，孔雀型的人需要以鼓励为主，需要领导给他提供表现的机会，从而保持他的工作热情。
>
> 由于新任总经理的领导风格与销售总监的工作方式发生了冲突，导致销售总监开始避免与总经理进行沟通，工作态度消极，进而影响了企业的经营效益。

由于PDP简洁和形象化的特点，它迅速成了企业中炙手可热的测量工具，在企业高管测评及MBA课程中得到了广泛应用。

2. 投射类测验工具

（1）罗夏墨迹测验

罗夏墨迹测验由瑞士精神科医生、精神病学家赫尔曼·罗夏（Hermann Rorschach）创立，用以检测个人的性格特征和兴趣功能。由于这一测验利用墨渍图版，因而也被称为墨渍图测验，是少有的投射型人格测验工具。

泼墨的游戏早期在瑞士很盛行，人们根据脑海中的构想将墨喷到纸上，然后将纸对折，这样墨迹就互相印染，形成了两边对称的不规则形状，然后看谁的作品最独特。这一游戏启发了罗夏使用模糊设计（ambiguous designs）的方式来评估个性。在研究了 300 名精神病患者和 100 名对照受试者之后，罗夏出版了《心理诊断》一书，奠定了墨迹测试的基础，后逐渐发展为成熟的墨迹测验。

在测验中，罗夏展示图片，并只要求被试直接报告出他从图片中看到了什么，并不需要做出过多的解释。被试的反应包括三个心理过程，首先整合图形刺激引起的感知觉，然后搜索自己的记忆痕迹进行对比筛选，最后报告出答案。

罗夏墨迹测验自诞生以来就是一个存在争议的心理测验方法。由于它与问卷测验显著不同，很多人认为它缺乏解释者的信度，即缺乏标准的答案，使得不同的主试人员会从同一个测试结果中得出不同的结论。然而，也有很多人对其表示了支持，认为它能够有效地避免纸笔测验的掩饰性，直达个体的内心深处，把握整体人格。

罗夏墨迹测验发展至今，已经成为适合所有人群的个性测试工具，并形成了一套固定的图片内容和程序。测验图片共有 10 张，均为对称图形，且毫无意义。其中 5 张为黑白图片，墨迹深浅不一，2 张主要是黑白图片，只加了红色斑点，3 张为彩色图片（如图 5-3 所示）。

图 5-3　罗夏墨迹测验图片示例

在测验时，主试按照一定顺序向被试展示这些图案，让他们自由地说出由此联想到的东西，诱导出被试的生活经验、情感、个性倾向等心声。被试在不知不觉中便会暴露自己的真实心理，因为他在讲述图片上的故事时，已经把自己的心态投射入情境之中了。

具体来说，测验过程分为以下四个阶段。

自由反应阶段，即自由联想阶段。在这一阶段，主试向被试提供墨渍图，一般的指导语是“你看到或想到什么，就说什么”。要避免一切诱导性的提问，只记录被试的自发反应。主试不仅要尽量原原本本地记录被试的所有反应，而且要仔细观察、详细记录他的动作和表情。此外，要测定和记录呈现图版之后到做出第一个反应的时间，以及对这一张图版反应结束的时间。

提问阶段，这是确认被试自由反应阶段隐藏想法的阶段。主试以自由反应阶段的记录材料为基础，通过提问，可以清楚地了解被试的反应利用了墨渍图的哪些部分，以及得出答案的决定因子是什么。

> 决定因子是指被试根据哪些因素来回答图片的内容，或者答案包含了哪些特点。例如，根据图形的形状做出回答，根据彩色部分回答，根据形状、空间情况回答，成对回答等。这些决定因子可以被分为四大类，即形态反应因子、运动反应因子、色彩反应因子、阴影反应因子。

类比阶段，这一阶段主要是补充提问阶段未获得的信息。主试询问被试对某个墨渍图反应所使用的决定因子，是否也用于对其他墨渍图的反应，从而确定被试的反应是否有某个决定因子的存在。

极限测验阶段。主试对被试是否使用了某些部分或决定因子还存在疑虑时，可以在这一阶段加以确认。在测验过程中，主试对被试的各种反应进行分类，并计算各种反应的次数，以便在绝对数、百分率、比率等方面进行比较。

罗夏墨迹测验的整个过程一般需要 20~30 分钟。主试根据被试的反应，可以判断出他们的个性特征。例如，对每张图片反应过快，说明被试可能性格急躁；若慢很多，则说明被试可能有隐匿性抑郁的情况。对运动分子反应多可能是性格内向；对彩色反应多可能更加灵巧机敏。在回答总数方面，大部分人会对 10 张图片做出 17~27 个回答，回答总数多但质量较差，说明被试的个性较为浮躁，容易感情用事；回答总数少质量却高，说明被试的个性可能比较悲观。

主试在对某员工进行罗夏墨迹测试后，记录并推断了他的个性特征，部分内容如下。

图版 1：认为是蝙蝠，动物反应代表，有定型化、僵化的倾向，动物反应千篇一律，中性感情。

图版 2：认为是心脏，解剖反应，表示关心身体健康状况。

图版 3：①第一次答案认为是 2 个人，人类反应，中性感情；②第二次答案认为是鞋子，生活用品反应，显示对生活的兴趣；③第三次答案认为是蝴蝶，动物反应，代表有定型化、僵化的倾向，中性感情。

……

反应数与时间：①反应总数（R）=17，来访者是本科毕业，其反应总数偏少，可能有抵触、抑郁情绪。②平均最初反应时间（IntRT.）=5.1 min，初始反应时间短，代表来访者性格直率、单纯，有话直说。

决定因素：①形态反应 =15.94%，来访者在情绪和社会适应上会受到限制，也可能有中度以上的抑郁和分裂型的倾向；②运动反应方面，来访者人际关系差，思想刻板，心境压抑，特别内向；③黑白反应方面，来访者没有黑白反应，代表没有焦虑、压抑以及不满足；④色彩反应 C=1，来访者是较压抑的人。

……

当前，罗夏墨迹测验的应用频率越来越高。一方面，它能够发现员工整体的个性特征，以此来预测他们的人格特质与行为，并作为未来的管理和规划依据，另一方面，管理者可以通过罗夏墨迹测验了解到员工目前的状态及其最大需求，以此帮助员工调整心态，恢复心理健康，从而更有效地激励员工等。在问卷类测试不能了解人才的个性时，罗夏墨迹测验也许能够达到出乎意料的效果。当然，这种测试的操作难度较大，需要测试者在观察和解答上具备相当的水平，企业最好直接引入专业机构参与。

（2）主题统觉测验

主题统觉测验（Thematic Apperception Test，TAT）是与罗夏墨迹测验齐名的另一种人格投射测验，由美国哈佛大学的心理学家亨利·莫瑞（Henry Murray）和克里斯蒂安娜·摩根（Christiana Morgan）于 1935 年创制，此后经过三次修订。

TAT 是一种窥探被试的主要需要、动机、情绪、情操和人格特征的方法。它的基本原理是向被试呈现一系列意义相对模糊的图卡，并鼓励他们根据图卡不假思索地编述故事。编制这种测验的基本假设是：①人们在解释一种模糊的情境时，总是倾向于使这种解释与自己过去的经历和目前的愿望保持一致；②在面对测验图卡讲述故事时，被试同样利用了他们过去的经历，并在编造的故事中表达了他们的感情和需要，不论他们是否意识到了这种倾向。

现在广泛使用的 TAT 是经莫瑞修订过的第三版。第三版全套测验包括 30 张黑白图卡和 1 张空白卡，图卡的内容包括人物和景物。就测验内容而言，TAT 比罗夏墨迹测验的意义更明确，但 TAT 同罗夏墨迹测验一样，对被试的反应不加任何限制，任其针对图卡编造故事。

测试者将 30 张图卡分为四组，分别是成年男性组（M）、成年女性组（F）、儿童男性组（B）和儿童女性组（G）。其中，有的图卡适用于所有的被试，有的图卡只适用于特定年龄及特定性别的被试。适用于各组被试的图卡均为 19 张，外加 1 张空白卡，共 20 张图卡。图 5-4 展示了其中一张图卡。

在实施 TAT 时，每个组的被试都要完成两个系列的测验。第 1~10 号图卡为第一系列，第 11~20 号图卡为第二系列。其中第二系列图卡的情境更加抽象，也更加奇特。被试完成

图 5-4　TAT 测试图卡

每个系列的测验任务需要花费 1 个小时，两个系列的测验任务之间至少要间隔一天。

在测验过程中，主试一般不说话，以防打断被试的想象过程。但在下列情况下，主试可以给予必要的语言指导：①如果接近时限，可以给予提醒；②编完一个故事后可以给予适当的语言鼓励；③如果被试在编故事的过程中，忽略了一些关键之处，可以请被试补上，但不能与他们就故事情节展开讨论。在测验过程中，主试全面记录被试所说的内容，如果用笔记录有困难，可以用录音机录音，但前提是不能让被试发觉。

获取内容后，主试要对其进行分析，分析的角度主要包括主人公，即辨别被试在故事中认同的角色，有时故事里的主人公并非只有一个；主人公的动机倾向和情感；主人公所处的环境力量；结果；主题；兴趣和情操。分析过后，主试就可以评定被试的情绪和压力等情况，如恭顺、成就、攻击、自责、关怀、归属、支配、关怀、拒绝等，并综合得出被试的个性特征。

（3）“房树人”绘图测验

绘图测验是投射类测验中非常重要的测验形式，在国外已经广泛应用于心理治疗和人才选拔。绘图测验的发展历史悠久，早在 1926 年，就有心理学家尝试使用画人的方式来测量孩子的智力。在画人测验之后，有研究指出，画人在很大程度上会让被试联想到自己，可能导致其在绘画过程中故意美化人物形象，还会因此猜测测验的目的，这些因素都会在很大程度上影响测验的准确性和真实性。因此，在图画中绘制房子来搭配人物也成了一种要求。1948 年，美国心理学家约翰·巴克（John Buck）提出绘制树木比画人和房子更能反映被试的真实人格特点，这一观点得到了研究者们的广泛认同，由此，绘图测验由单纯的画人测验演变成为现在的“房树人”测验。

绘图测验的操作流程较为简单，一般是随机式的，即给被试一张白纸，要求他们在规定时间内画出房子、树木和人，每类要素在画面中出现的形式和数量都没有明确要求。在测试过程中，主试不应做出任何语言干扰，只需要静静地观察，在时间截止后收回图画即可。

在观测绘图内容时，主试可以从整体画面的布局（画面的大小，在图纸中的位置），局部的描述（叶子、树干等的形态），细微处的描绘（笔画浓淡、附加物品等），空白部分的情况，色彩等方面进行观察，分析被试的个性特点。在这一阶段，为了防止被试在绘画时指代了另一种含义，主试可以采取提问的方式来确认。一旦主试不明确被试画的是什么或者不明白他所表达的逻辑，就可以进行提问，确保分析无误。

如图 5-5 所示，树干在顶部聚拢反映出被试是一个强调目标导向的人，控制欲比较强，注重结果和规划。但容易出现的问题是，一旦事情没有按照预期的想法达成目标或者是自己无法控制整个过程，就会出现情绪上的问题，并且不能很好地控制焦虑情绪。

图 5-5　树干在顶部聚拢

回顾前两种投射类测验，我们可以发现，罗夏墨迹测验和主题统觉测试在形式上具有一定的结构性，在测验中主要涉及言与行的表达。要求被试明确讲述自己描绘的对象，以及对象与环境之间的关系。相反，“房树人”测验是非言语性的，主要描绘的是画，它涉及被试人格特征中的感受性、成熟性、创造性。与前两者相比而言，“房树人”绘图测验既适合于个体测验，又适合于团体测验，同时由于其非结构化的特点，大多数被试都可以积极主动地参加，并且不受文化水平的限制，特别适合进行大规模人才画像时使用。

企业在组织生产部门的人才进行绘图测验时，发现其中一人的绘图内容如图 5-6 所示，并做出了评价，放在人才画像中。

图 5-6　某生产部门人员的绘图内容

【分析】

画面中山、水、树、人、蛇全是独立的，没有任何交集，说明此人在工作或生活中较为独立，团队合作意识较弱。画面中的人、树、河和蛇位置随意，说明此人工作计划性和组织性较差。河流画得很曲折，说明此人认为自己过往的生活是一团糟，缺乏规划。

【评价】

被试缺少连贯的思维和综合考虑问题的逻辑，导致自身对事物的理解比较分离，在工作上容易出现执行力较差的问题；在具体工作中，被试需要进一步提高自身的逻辑分析能力和整体统筹能力，不断增强自信心。

三、能力测验——挖掘人才的潜能

能力是直接影响活动效率、保证活动得以顺利进行的个性心理特征。任何人想在工作中取得一定成就，一定要先具备相应的能力。一般来说，能力可以分为一般能力和特殊能力。一般能力即智力，包括记忆力、思维能力、想象力等；特殊能力主要指某个特殊领域需要的特定能力，如技术工人在特定技术领域的一些专业技能等。

每个人具备的能力种类是多种多样的，但能力组合一般都是独特的。即使他们在能力类别上相似，如都具有较强的想象力、记忆力、人际交往能力，但两人的绝对能力水平也会存在差距，或者同一个人的三种能力的相对水平也不一定相同。能力测验的目的就是管理者可以深入了解人才的能力，从而更好地用其所长。

1. 一般能力测验工具

（1）韦氏成人智力测验

韦氏成人智力测验（Wechsler Adult Intelligence Scale，WAIS），由美国心理学家戴维·韦克斯勒（David Wechsler）编制，是国际上非常有影响力且应用十分广泛的智力测验。当我们说某一个人 IQ 很高时，一般就是利用这一工具进行测验得到的结果。当前主要使用的 WAIS 为 2008 年发布的第四版，即 WAIS-IV，它是在前三版成果的基础上，对美国 2 200 人进行了新一轮研究后迭代产生的。WAIS-IV 由 10 个核心测验和 5 个补充测验组成，分别构成了言语理解指数、知觉推理指数、工作记忆指数和加工速度指数。各测验情况如表 5-17 所示。

表 5-17　指数与测验一览表

测验		描述	测验目的
言语理解	相似性	说明两个词语和概念为何是相似的	抽象思维能力、语义知识
	词汇	说出图片内容的名字	语义知识，语言理解和表达
	信息	常识问题	从环境中获取一般信息的程度
	领悟（补充）	就社会问题或共同概念进行提问	表达抽象社会规则的能力
知觉推理	矩阵推理	查看缺少一个正方形的图片阵列，然后从五个选项中选择适合该阵列的图片	抽象问题解决，归纳推理
	木块图	在限定时间内，按照显示的模型，将红木块和白木块组合在一起	空间关系辨认、视觉结构分析
	视觉拼图	查看书中的拼图，然后从一堆碎片中找到三个完成这一拼图	视觉空间推理
	图形拼凑（补充）	选择图片中缺少的部分	辨识能力
	计算权重（补充）	选择能使天平保持平衡的选项	数量推理
工作记忆	数字广度	听数字序列，以倒序的方式重复它们	工作记忆、注意力、听觉处理
	算术	在限定时间内完成口算	数量推理，专注力
	字母-数字排序（补充）	听到一个由数字与字母组成的内容后，分别对里面的数字和字母进行排序	工作记忆、注意力
加工速度	符号搜索	查看符号行和目标符号，并标记目标符号是否出现在每行中	加工效率
	编码	在规定时间内完成编码任务	加工效率 联想能力
	对消（补充）	在规定时间内扫描形状排列并标记目标形状	加工效率

在上面四个指数中，每一指数都具有独特的含义，并且可以与他人横向比较得分。

此外，将言语理解中的相似性、词汇、信息测验和知觉推理中的矩阵推理、木块图、视觉拼图测验的得分进行组合，可以得到通用能力指数。这可以作为个体认知能力的衡量标准。这一分数还可以在同一个年龄组的常模团体中进行比较，帮助我们了解被试在他们同年龄组中的相对位置。

虽然韦氏成人智力测验在欧美国家得到了广泛应用，但由于存在文化差异，要想使这一工具在国内发挥作用，需要进行适当修订。在湖南医科大学龚耀先教授等的主持下，针对中国人的韦氏成人智力测验（WAIS-CR）得到发展。

韦氏成人智力测验中国修订版（WAIS-CR）分为城市和农村两种，分别包括 11 个分测验，其中语言部分包括知识、领悟、算术、相似性、数字广度、词汇 6 个分测验，操作部分包括数字符号、图画填充、木块图、图片排列、物体拼凑 5 个分测验。每个分测验的项目均从易到难进行排列，部分测验有时间限制，一般为 20 秒，完成全部测验的时间大约为 75 分钟。当前，大多数组织使用的韦氏成人智力测验都是 WAIS-CR 的城市版。表 5-18 展示了部分例题。

表 5-18 韦氏成人智力测验问卷题目示例

1. 钟表有什么用？
2. 球是什么形状？
3. 一年中哪个季节白天最长？
4.《资本论》这本书是谁写的？
5. 人体有几种血管？
6. 请您列举出我国汉朝以后五个朝代的名称。

（2）瑞文标准推理测验

瑞文标准推理测验（Raven’s Standard Progressive Matrices，SPM）由英国心理学家约翰·瑞文（John Raven）于 1938 年创制，用于测验一个人的观察力及思维能力。它是一种纯粹的非文字智力测验，广泛应用于无国界的智力 / 推理能力测试中。同韦氏成人智力测验一样，瑞文标准推理测验可以快速为人才画像提供智力能力的信息。

瑞文标准推理测验适用于 5~75 岁的人群，跨越了儿童和成年人两大群体。该测验共有 60 道题，依次分为 A、B、C、D、E 5 组，每组有 12 道题。从 A 组到 E 组，难度逐步增加，每组题目由易到难排列。不同题组内部的解题思路基本一致，但各组间的解题思路有所差异。直观上看，A 组题目主要测量辨别力、图形比较、图形想象等；B 组题目主要测量类同、比较、图形组合等；C 组题目主要测量比较、推理、图形组合；D 组题目主要测量系列关系、图形套合；E 组题目主要测量套合、互换等抽象推理能力。

瑞文标准推理测验的构成是每道题目都有一定的主题图，但是每张大的主题图都缺少一部分，大主题图下有 6~8 张小主题图，其中有一张小主题图可填补大主题图的缺失部分，从而使整个图案合理、完整。被试的任务就是从每题下面给的小主题图中找出一张来填补大主题图，并把该小主题图的序号填在答卷纸内的相应题目处（如图 5-7 所示）。随着答题活动的进行，主题图的结构也越来越复杂，从单一线条到多个图形，实现了从一个层次到多个层次的演变，要求的思维操作也是从直接观察到间接抽象推理。

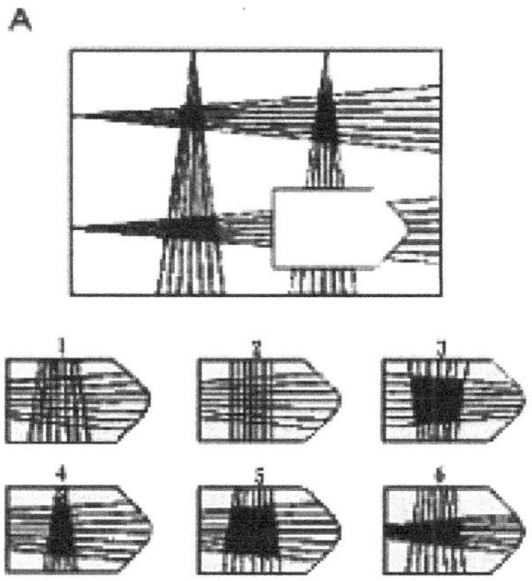

图 5-7　瑞文标准推理测验例题

瑞文标准推理测验没有时间限制，一般在 40 分钟左右便可完成。记分时，对照标准答案表为被试计分，每答对一题计一分。在测验 A、B、C、D、E 各组时先分别计分（各组满分为 12 分），然后把 5 项分数加起来即可得到测验总分（满分为 60 分）。由于该测验已建立了中国城市常模，因此可以根据原始分数转化为标准分数，并对照常模合理评价被试的相对智力水平。

一级：标准分等于或超过同年龄常模组的 95%，为高水平智力；

二级：测验标准分在 75% 至 95%，为智力水平良好；

三级：测验标准分在 25% 至 75%，为智力水平中等；

四级：测验标准分在 5% 至 25%，为智力水平中下；

五级：测验标准分低于 5%，为智力缺陷。

瑞文标准推理测验使用方便、结果可靠。该测验既可个别施测，也可团体施测，而且施测时间短，计算方式直观简单，非常适合在绘制标准人才画像时使用。另外，该测验可以考察被试的不同能力，五个方面的得分在一定程度上有助于测试者了解被试的智力结构。企业管理者可以根据岗位需要，利用瑞文标准推理测验测试员工是否具有相应的能力。

（3）多元智能发展测验

脑测评技术是脑科学发展成果在潜力测评中的一个重要应用。狭义的脑科学是生物学领域的概念，即神经科学。广义的脑科学是指研究人脑结构与功能的综合性学科，是涵盖所有与认识脑和神经系统相关的研究。将脑科学技术应用在能力测验中，就是通过仪器获取皮纹与脑电波信息，分析脑区特征和功能，解读脑区优势与潜能、思维方式、心理状态等，实现对被试思维介质和潜在能力的科学判断。虽然脑测评技术的有效性仍然受到争议，但其作为一种科学方法的发展势头越来越迅猛。

多元智能发展测验就是脑测评技术的一个主要代表，基于多元智能理论得以开发。传统的智力理论认为人类的认知是一元的、个体的智能是单一的、可量化的，而哈佛大学心理学教授霍华德·加德纳（Howard Gardner）认为智力是在真实生活中解决问题的能力和提出新问题的能力，根据问题的类型不同，智力可以分为以下八个方面（如图 5-8 所示），形成了多元智能理论（Multiple Intelligences）。

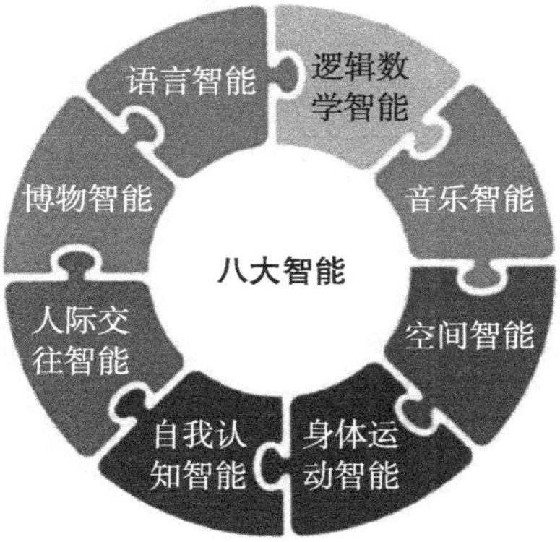

图 5-8　多元智能理论的构成

• 逻辑数学智能，即数字和逻辑思维方面的能力。此能力较强的人擅长进行复杂运算，具备抽象思维，善于运用逻辑思维。

• 音乐智能，即在音调、音色、旋律等方面的感知能力。生活中有些人不管听什么音乐都体会不出情感，甚至听不出区别，这就是音乐智能较低的表现。

• 空间智能：对色彩、线条、形状、空间等敏感察觉的能力。高空间智能的人具备图形思维，擅长使用色彩与形状，能够快速解读图形或空间信息。

• 身体运动智能：使用身体各部分表达意愿的行为能力。心灵手巧的手工艺者和轻盈灵巧的舞蹈演员都体现了较高的身体运动智能。

• 自我认知智能：对自我的认识觉悟力，能够客观评价自身的优缺点。“吾日三省吾身”，时常内省、自我思考就是高自我认知智能的体现。

• 人际交往智能：认识、理解、处理与他人关系的能力。人与人之间的关系自古就存在，男人和女人协作成为家庭，亲人间合作成为家族直到民族。高人际交往智能的人能够妥善处理人际关系，令他人感到舒适。

• 博物智能，即对动物、植物和其他自然因素探索与观察的能力。正是因为有这种能力的存在，人类社会才会历经如此之久的时间。

• 语言智能，即具有用语言表达和欣赏语言深奥意义的能力。高语言智能的人在语言学习、理解、阅读、写作、剖析、解释等方面具有较高素质。

多元智能发展测验主要是将皮纹检测和纸笔测验结合起来进行的。皮纹又称肤纹，是皮肤纹理的简称，是指人体体表皮肤各部位由表皮和真皮隆起的皮肤嵴纹及皮沟构成的皮纹纹理，在测验中主要以指纹为主。20 世纪 80 年代，PET 大脑断层扫描技术的精进，已经证实左手与右脑、右手与左脑、大拇指与精神功能区、食指与思维功能区、中指与体觉功能区、无名指与听觉功能区、小指与视觉功能区的关联关系。多元智能发展测验认为，由于大脑纹路与手指皮纹同步成长，所以通过对指纹的测量、分析，能准确获悉人体不同部位中脑细胞的含量，知道大脑功能结构中的优先顺序。

在测评时，被试在手指和头部佩戴设备，并根据指示回答一系列问题，包含数据计算、物品识别、听音乐等。在回答这些问题时，设备会接收到人体生物电信号，并将其转换为能被电脑接收的数字信号，经过分析获取测评结果。值得注意的是，多元智能发展测验所体现的优势不是与别人对比，而是针对被试的其他能力而言的，因此与韦氏成人智力测验和瑞文标准推理测验不同，多元智能发展测验不具有横向的比较性。

企业在为销售部门的某员工绘制高潜人才画像时，应用多元智能发展测验来了解其能力水平的分布情况，结果如图 5-9 所示。

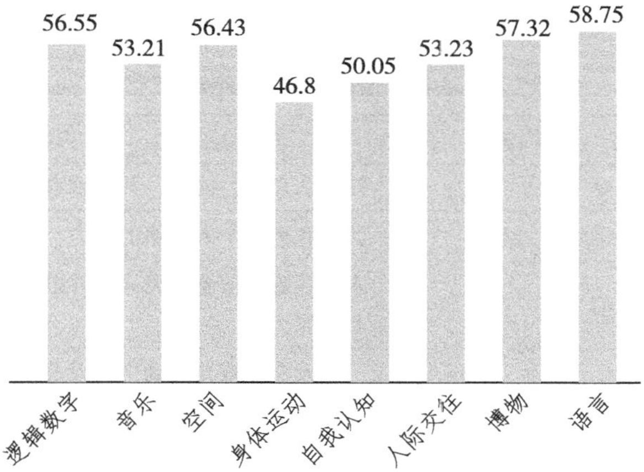

图 5-9　多元智能发展测验结果

根据结果进行分析，发现该员工的语言智能最高，能够对语言做出快速反应，能够有效倾听、理解和说明。同时，数学智能也较高，具有良好的抽象思维，善于解决逻辑问题，这说明该员工在销售岗位上是合适的，同时其能力也能胜任客服相关工作。相比较而言，该员工的自我认知智能较低，可能需要领导或者同事的提醒，才能更好地发现自己的问题和获取工作改进方式。

（4）情商量表测验

情商（Emotional Quotient，EQ），也称情绪智力，是影响人们应对环境需要和压力的一系列情绪的、人格的和人际能力的总和，现已成为决定一个人在生活中能否取得成功的重要因素，直接影响人的心理健康。在企业危机处理方面，情绪智力高的人更容易产生团队信任感，会倾向于主动积极、客观理性地解决问题。

1997 年，以色列心理学家鲁文 · 巴昂（Reuven Bar-On）基于对情绪智力多年的开创性研究，设计了情商量表 EQ-i（Emotional Quotient Inventory），用于有针对性地测量个体的情绪智力水平。在这一量表中，巴昂把情绪智力分为表 5-19 所示的五个维度，并为每个维度设计了问卷，从而分别得到了每个维度单独的分数及相加的 EQ 总分。

表 5-19　情商量表的五个维度

维度	因素	内容
个体内部成分	自尊	知道、理解、接受，并尊重自己的能力
	情绪的自我意识	认识和理解个人情绪的能力
	自信	表达情感、信念、思维，并以非破坏性的方式保护个人权利的能力
	独立性	一个人在思维与活动中，以及避免情绪依赖中的自我指导和自我控制的能力
	自我实现	了解个人的潜能，做自己想要做的事情，具有喜欢做并且能够做的能力
人际成分	移情	知道、理解和评价其他人情感的能力
	社会职责	展示自己作为个体在社会团体中的合作、贡献的能力
	人际关系	建立和保持相互满意关系的能力
压力管理成分	压力耐受性	承受不利事件、压力大的情境的能力
	冲动控制	抵抗或延迟冲动，以及控制个人情绪的能力
适应性成分	现实检验	评价什么是内在的和主观的经验，以及什么是外在的和客观存在的能力
	灵活性	调节情感、思维和行为去改变情境与条件的能力
	问题解决	识别个人的和社会的问题，同时产生实施有效解决办法的能力
一般心境成分	乐观主义	面对不幸，能够保持积极的态度
	幸福感	对自己的生活感到满意，欣赏自己和其他人以及表达肯定情绪的能力

情商量表 EQ-i 通过自评的方式进行测量，被试在阅读完题目后，根据第一印象做出选择（如表 5-20 所示），虽然答题没有时间限制，但也需要尽可能快地完成。

表 5-20　情商量表题目示例

题目	选项		
对自己的性格类型有比较清晰的了解	总是	有时	从不
知道自己在什么样的情况下容易发生情绪波动	总是	有时	从不
出现感情冲动或发怒时，能够较快地“自我熄火”	总是	有时	从不

与韦氏成人智力测验一样，被试在回答完毕并根据操作手册赋分后，可以根据规定的方法将获得的分数转化为平均数为 100、标准差为 15 的标准分数，从而与其他人对比（如表 5-21 所示），了解某人的情商在群体中的水平。值得注意的是，在绘制人才画像时，并不一定需要使用情商量表来了解情绪智力，第四章提到的感性认知，以及人格方面的测验其实在某种程度上已经反映出了被试的情商水平。

表 5-21　EQ 得分评价标准

EQ 分数	评价标准
⩾ 130	情商极高，情绪能力发展得极好
120~129	情商很高，情绪能力得到了充分发展
110~119	情商高，情绪能力发展良好
90~109	情商一般，情绪能力得到了发展
80~89	情商低，情绪能力没有得到发展
70~79	情商很低，情绪能力发展极不完善
<70	情商显著低下，典型的情绪能力障碍

2. 特殊能力测验工具

（1）普通能力倾向成套测验

普通能力倾向成套测验又称为一般职业适应性检查（General Aptitude Test Battery，GATB），是 20 世纪 40 年代由美国劳工部就业保险局设计的综合式职业性向测验。它包括 15 个分测验，用于测量九种能力倾向因素。各能力及其含义如表 5-22 所示。这九种能力倾向对完成各种职业的工作都是必要的，但不同的工作对这些能力的要求程度有所差别。

表 5-22　GATB 各能力名称及含义

能力名称	简介
一般智能（G）	能够理解指令和基本的原理；具备一般的推理和判断能力
言语能力（V）	能够理解词语的意义并能有效应用；能够理解词语之间的关系及句子的意思
数理能力（N）	在正确、快速计算的同时，能进行推理，具备解决应用问题的能力
书写知觉能力（Q）	能觉察文字、符号、表格上的细微差异，能快速校对文字、数目、符号，避免出现抄写或计算错误
空间判断能力（S）	能理解平面图形与立体图形之间的关系；能理解物体在空间中的运动关系
形状知觉能力（P）	能觉察到实物或图形的细节，能对图形的外形、明暗上的差异、线条在长宽上的细小差异做出正确的比较和辨别
运动协调能力（K）	能准确完成手指之间和手眼之间的协调配合，能快速做出精确的细微动作
手指灵活度（F）	能快速而正确地活动手指，能用手指准确地操作细小物品
手腕灵活度（M）	能轻松地移动双手或手腕，完成放置、旋转等动作

GATB 的 15 个分测验中，包括 11 个纸笔测验和 4 个操作测验。测试时，纸笔部分可团体进行，被试人数最好在 50 人以内，操作部分则必须个别施行。进行纸笔部分的测验时，主试需要准备答题纸、秒表和铅笔，开始前向被试详细说明测验环节，然后分发写有注意事项的测验用纸，要求被试仔细阅读测验规则。在被试理解测验注意事项后，测验按顺序进行。在操作部分，主试要和被试进行一对一的讲解与测试。与其他能力测试相比，GATB 比较注重实际操作，而且多个分测验更倾向于速度测验而非能力测验，表 5-23 展示了部分测试题。

表 5-23　GATB 部分测试题示例

测验项目	测试名称	测试内容	测试时间
笔试测验	工具匹配	用简单的工具之类的图形，让被试判别四个图形中哪个与所呈现的图形一样。图形的差异仅仅是黑白的涂法不同	1′ 30″
	名字比较	比较、判定左右一对名词或数字等的异同	3′

（续表）

测验项目	测试名称	测试内容	测试时间
笔试测验	画纵线	不要碰到 H 两侧的线，但必须切到 H 的横线，尽量多地画短线。对正确画出的短线数量进行合计算分	15″
	计算	进行加减乘除的计算，对答对的题项合计得分	3′ 30″
器具测验	插入	手腕作业检查盘的上部与下部各有 48 个孔，上部插着 48 根圆棒。被试两手同时从上部一个一个地拔出圆棒，将其插在对应的下部的孔中，正确插入下部的数量即为得分	15″ ×3 次
	调换	同样使用手腕作业检查盘，用单手拔出一根棒，用同一只手将拔出的棒的上下反转，插入原来的孔中，正确插入的数量即为得分	30″ ×3 次

个体完成 GATB 的 12 个分测验后，可得出 9 个原始分数，分别对应上述九种能力因素。测验一般选用在职人员为常模团体建立常模，个体在测验中的原始分数根据此常模转换成平均数为 100、标准差为 20 的标准分数，然后绘制成能力倾向剖面图。从图中既可直观地看到个体内部在九种能力因素上表现出来的优劣倾向，又可比较和判断个体相对于一般在职人员在九种能力因素上的相对水平。

由于不同的能力因素在不同的职业中显示出来的重要性不同，因此我们在应用这一工具时，除需了解个人在各方面能力上的优劣之外，还必须了解各种职位最需要什么样的能力，以及能力水平达到什么程度才能胜任相应的工作，这样才能更准确地绘制出画像内容。

（2）领导力有效性测验

领导力是指领导者的个体素质、思维方式、实践经验及领导方法影响着具体的领导活动效果的个性心理特征和行为的总和。企业管理层的领导力水平直接影响了团队甚至组织的工作效率。基于这种领导力的重要性，有关领导力的测验工具逐渐被设计出来，其中之一就是领导力有效性测验。

领导力有效性测验（Leadership Effectiveness Analysis，LEA）是一套服务于各级管

理人员的领导力测验，由 MRG 公司开发。该测验测量了 22 个不同的领导力指标，并将其按功能分为六大维度，分别是建立愿景、发展追随力、实施愿景、贯彻执行、达成结果和团队合作。通过对这六方面能力的测验，确定被试的总体领导力水平。

为了防止个体在填写问卷时夸大自身的领导力，LEA 设计了五套问卷，包括自己填写的领导力测评问卷（共 84 道题），由被试上级、同事和直接下属完成的观察员问卷（共 92 道题），还有领导愿景问卷（Strategic Directions Questionnaire）、角色分析版（Role Expectations Questionnaire）和领导文化调查（Leadership Culture Questionnaire）。在答题时，由相关人员勾选出被试某种行为的倾向程度，表 5-24 展示了 LEA 中的例题与打分方式。

表 5-24　LEA 例题与打分方式

<table>
<tr><td>题目</td><td colspan="20">重视他人的想法和意见，收集他们的意见后，将其作为决策过程的一部分</td></tr>
<tr><td rowspan="2">自评分数</td><td></td><td></td><td></td><td></td><td></td><td></td><td></td><td></td><td></td><td></td><td>√</td><td></td><td></td><td></td><td></td><td></td><td></td><td></td><td></td><td></td></tr>
<tr><td colspan="11">做决定前不主动征求他人意见</td><td colspan="9">尊重和重视他人的想法</td></tr>
<tr><td rowspan="2">上级评价</td><td></td><td></td><td></td><td></td><td></td><td></td><td></td><td></td><td>√</td><td></td><td></td><td></td><td></td><td></td><td></td><td></td><td></td><td></td><td></td><td></td></tr>
<tr><td colspan="11">做决定前不主动征求他人意见</td><td colspan="9">尊重和重视他人的想法</td></tr>
<tr><td rowspan="2">同事评价</td><td></td><td></td><td></td><td></td><td></td><td></td><td></td><td></td><td></td><td></td><td></td><td>√</td><td></td><td></td><td></td><td></td><td></td><td></td><td></td><td></td></tr>
<tr><td colspan="11">做决定前不主动征求他人意见</td><td colspan="9">尊重和重视他人的想法</td></tr>
<tr><td rowspan="2">下属评价</td><td></td><td></td><td></td><td>√</td><td></td><td></td><td></td><td></td><td></td><td></td><td></td><td></td><td></td><td></td><td></td><td></td><td></td><td></td><td></td><td></td></tr>
<tr><td colspan="11">做决定前不主动征求他人意见</td><td colspan="9">尊重和重视他人的想法</td></tr>
</table>

在收集完所有回答者的问卷后，工作人员将回答进行合并，形成如图 5-10 所示的领导力轮廓图，以及各维度和指标的详细分析报告。人才画像项目小组可以根据分析报告，了解被试在领导力某一方面的具体情况，从而对其领导力水平做出准确的评价，提出有针对性的培养计划。

（3）创造力测验

创造力是推动人类社会前行的原动力，也是企业发展的源泉。组织创造力的提升离

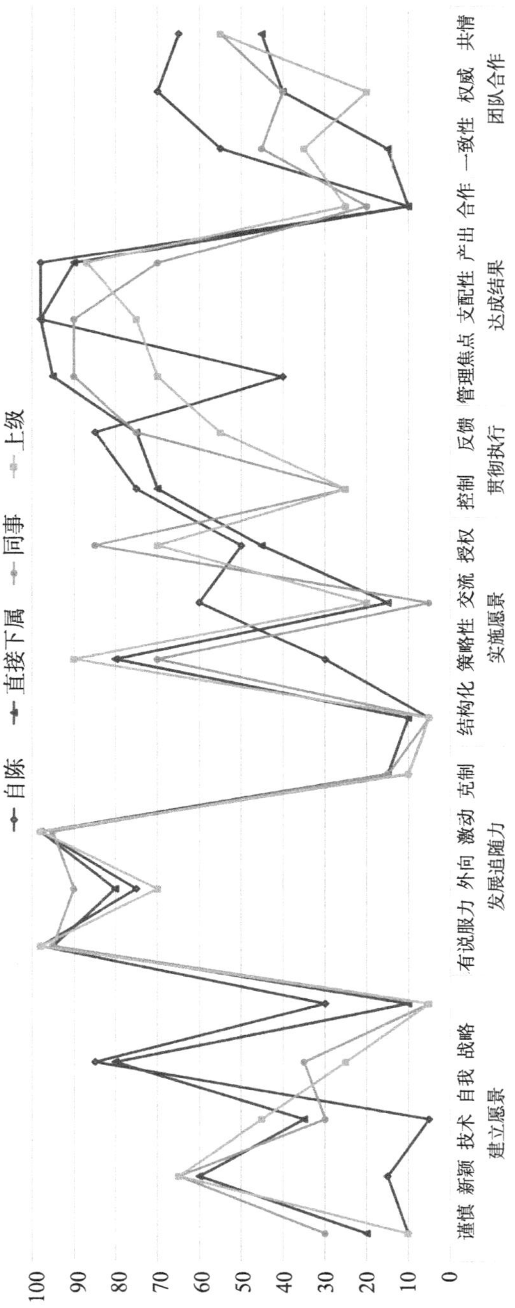

图 5-10　领导力轮廓图报告

不开每一位成员贡献创意，因此员工的创造力水平对于企业来说十分重要。下面我们介绍两种接受度比较高的创造力测评技术，供大家参考使用。

尤金创造力测验是一种任务导向型的问卷调查，用来衡量一个人在产生新想法时的流畅性和灵活性，由美国心理学家尤金・劳德塞（Eugene Laudser）设计。该问卷只有50道题，前49道题阐述了一些思考和行为方式，被试根据自身情况选择同意、不同意或不清楚。第50题为“挑选出10个你认为最能说明自己性格的词”。进行测试时，被试依次完成题目，量表中每一道题的不同选项会对应着不同的分数，分数从–1到4不等，有明确的计分方式，第50题会根据被试选中的词语计分，每个词语赋予两分。最后将50个条目的得分相加即为实际得分。得分越高说明被试的创造能力越强，最高分为140分，部分题目如表5-25所示。

表5-25　尤金创造力测验题目示例

我不做盲目的事，也就是说我总是有的放矢，用正确的步骤来解决每一个具体问题
我认为，只提出问题而不想获得答案，无疑是浪费时间
任何事情让我产生兴趣，都会比别人困难
我认为合乎逻辑的、循序渐进的方法，是解决问题的最好方法
有时，我在小组里发表的意见，似乎使一些人感到厌烦
我会花大量时间来考虑别人是怎样看待我的
我自认为是正确的事情，比力求博得别人的赞同重要得多
我不尊重那些做事似乎没有把握的人
我需要的刺激和兴趣比别人多
我知道在考验面前，如何保持自己内心镇静

由于尤金创造力测验的题目较少，且都为自己回答，同时方便快捷、计分简单，因此企业可以将它作为测验团体创造力的工具，企业无须邀请外部专家就可以自己组织开展测试。当然，这一测试结果的有效性较为有限。

如果企业想要对创造力水平进行更为详尽的测量，托伦斯创造性思维测验（Torrance test of creative thinking）是一个合适的工具。它以测验发散思维为基础，从流畅性、变通性、独特性和精确性四个方面评估个体的创造力。

该测验分为两套，第一套测验语言的创造性思维，包括七项活动：①发问：呈现一张图，要求被试列举为了解图中之事而需要询问的所有问题；②猜测原因：要求被试列举图中之事发生的所有可能原因；③猜测结果：要求被试列举图中之事的所有可能后果；④产品改进：要求被试对给定玩具提出改进意见；⑤非凡用途：要求被试列举某物不同寻常的可能用途；⑥不平凡的疑问：要求被试对上一活动中展示的物体提出不同寻常的疑问；⑦推想结果：要求被试列举一种假想事件的所有可能后果。

第二套测验图形的创造性思维，包括三项活动：①建构图画：以明亮的彩色曲线为起点，建构一幅故事画；②完成图面：利用少量不规则的线条画出物体的略图；③平行线条绘图：利用成对的平行线条画出尽可能多的不同的图形。

测试结束后，主试能够得到流畅性、变通性、独特性和精确性四个分数。在判断一个人的创造力时，必须将四个分数综合起来分析，不能根据某一孤立的分数进行推断。托伦斯创造性思维测验需要外部专家的介入，并且只能进行一对一的测验。

（4）文书能力测验

文书是指处理办公室的一些日常工作，如打字、记录、整理与保管文件、校对、装订函件、通知联络等。当然，并非只有专职文书才需要从事这些工作，对于很多行政类职位来说，文书已经成为其日常工作内容的一部分，因此对文书能力的测验也能够在一定程度上反映出他们与职位的匹配程度。

一般来说，文书能力测验考察的内容主要包括阅读理解的速度、文件整理的速度与正确性、物品与人名的速记、文字校对的正确性、计算的速度与正确性等，强调的是知觉速度、动作的敏捷性和数字能力等。当前比较成熟的文书能力测验包括一般文书能力测验和明尼苏达文书测验等三种，以下分别对其进行简单的介绍。

一般文书能力测验（General Clerical Test）由美国心理公司发行，主要由九个分测验组成，用来测验三种文书能力。第一种由校对和字母排列两个分测验组成，旨在测量文书速度和准确性；第二种由简单计算、指出错误、算术推理三个分测验组成，旨在测量被试的算术潜能；第三种由拼字、阅读理解、字词和文法三个分测验组成，旨在测量语文的流利水平。一般要求被试在50分钟内完成所有题目，主试根据参考答案进行评分，获取被试在三种能力上的分数和总分，了解其文书能力的绝对水平。

【例题】音乐是真正的世界通用语，是可以表达感情的语言。当两个国家愿意通过音乐交流时，其中或许就含有某种政治善意，即双方想以彼此都能了解、都可接受的音乐语言进行对话。而且，音乐往往可以给人带来精神愉悦，从而为人际交往创造良好的气氛。

这段文字强调音乐是（　　）

A. 化解文化冲突的有效方法

B. 各国普遍采用的一种外交手段

C. 人际交往的一种手段

D. 国家之间进行政治沟通与交流的一种工具

【参考答案】D

明尼苏达文书测验（Minnesota Clerical Test，MCT）由美国学者多萝西·安得鲁（Doroty Andrew）等人编制，1933年首次提出后用来招聘和筛选明尼苏达州的检验员及文员。当前，这一测验已经广泛用于测验文书能力。

MCT是一个简短的测验，仅需要15分钟就可以完成。测验包括两个部分，分别测量被试对数字和语言的敏锐度。一部分是对数字的校对，数字的位数为3~12位，这些数字被分成两组，要求被试在规定的时间内比较两组数字的异同；另一部分是对名字的校对，名字同样被分成两组，要求被试在规定的时间内把不同的名字找出来。每一部分各有 200 组题，最后根据答对的数量评判被试的能力水平。

【例题】66273897—66273984

527384578—527384578

New York World—New York World

汉字的顺序并不一定能影响阅读——汉字的顺序并不一定能影阅响读

【参考答案】不同，相同，相同，不同

计算机程序编制和操作能力测验。由于计算机在办公自动化中的作用越来越重要，文书人员也要具有一定的程序编制和计算机操作能力。目前国外已经开始实施考查被试是否具有学习使用计算机的能力倾向的测验。例如，杰弗里·帕洛摩（Jeffery Palormo）编制的计算机程序员能力倾向成套测验（Computer Operator Aptitude Battery），其包括五个分测验，用来测量被试在语言意义、推理、字母系列、数字和制图上的能力。

（5）基于 VR 的大数据测评技术

在我们使用问卷测验（纸笔测验）时，有一个无法回避的问题，那就是，如果被试意识到了问题所要考察的内容，故意选出有益于自身发展的答案，而非根据自身实际情况作答，就会导致测验结果缺乏有效性。例如，在进行中层领导者竞聘时，被试对有关组织能力和领导能力的题目故意做出倾向性的回答，就可能会使人才画像失真，导致就任后能岗不匹配。对于这种缺陷，研究者们通过多角度提问、设置测谎题等方式进行了完善，虽然取得了一些成果，但仍无法完全弥补这种缺陷。基于此，非纸笔类的心理测验技术应运而生。

大数据测评技术是非纸笔测评领域前沿的技术革新动向成果之一，该技术成功融合 VR 场景高仿真、高沉浸感的特点，顺应当今广大年轻群体对数码产品的兴趣度和对 3D

体验游戏的热衷趋势，创造性地采用VR游戏进行体验式测评，突破传统测评中采集的数据维度局限、数据结构单一、数据数量过小的弊端。

职场成长潜质VR大数据评估系统（Growth Potential of Career Assessment-Virtual Reality，GPCA-VR）就是这一技术的代表，由北京潜质大数据科学研究院（PRI）自主开发设计。该工具基于对中国青年长期的研究和大数据分析成果，萃取了对职场成长潜质具有核心标定作用的182项数据指标，并参照心理学标准和潜质理论，将这些指标支撑的潜质分成“探索力、共情力、创解力”三个大类（如表5-26所示）。

表5-26　GPCA-VR潜质特性指标

潜质项	子维度	层级
探索力	对探索的好奇	愿意主动关注新事物 积极体验新事物 遇到困难和挑战时会坚持尝试
	对学习的探索	主动提出问题 获取相关信息 总结相关知识体系 主动修正其知识体系
共情力	共情的洞察力	解读他人表达的意思 了解他人内心真正的感受 理解他人反应背后的原因 理解他人深层的意图
	反馈的双效度	表达能理解对方感受的言行 能及时响应并提出解决方案 及时且有效地帮到对方 给对方带来积极展望
创解力	迁移的敏锐度	识别出事物发展的本质规律 觉察该规律与其他事物的联系 在相关领域进行实践和应用
	解决问题的程度	可能性的自我效能 全新视角考虑问题 创造性地解决问题

其中，探索力的本质是丰富自我认知世界，即个体对事物、对他人、对自己的认知。探索力分为两个部分，即对探索的好奇和对学习的探索。对探索的好奇是指对新事物保持高度的关注，并愿意去体验，即使遇到各种挑战也会坚持尝试，保持一颗强烈的好奇心。对学习的探索是指丰富自我认知的过程。探索力在职场成长潜质中的外延是如何在职场中与自己相处。

共情力由两个部分组成，即共情的洞察力和反馈的双效度。共情的洞察力是指在与他人互动的过程中，能解读他人表达的真实意思，了解他人内心的感受，并进一步理解他人反应背后的原因和深层意图。反馈的双效度是指能表达出理解对方感受的言行，及时响应，提出解决方案并帮助对方，在此基础上还能引导他人对未来进行积极展望。共情力在职场成长潜质中的外延是如何在职场中与他人相处。

创解力包括迁移的敏锐度和解决问题的程度。迁移的敏锐度是指能通过现象去识别和总结生活中的规律，并发觉其与其他事物的联系，借鉴并在其他领域实践。解决问题的程度是指面对挑战性问题时，能用全新视角考虑问题，创造性地解决，并在过程中保持较高的自我效能。创解力在职场成长潜质中的外延是如何在职场中与工作任务相处。

测评时，被试佩戴 VR 眼镜，操作手柄在虚拟场景中做出选择（如图 5-11 所示）。此时，设备会收录被试的文本、语音、行为、生理等多元异构数据，并对其进行交叉测量标定。

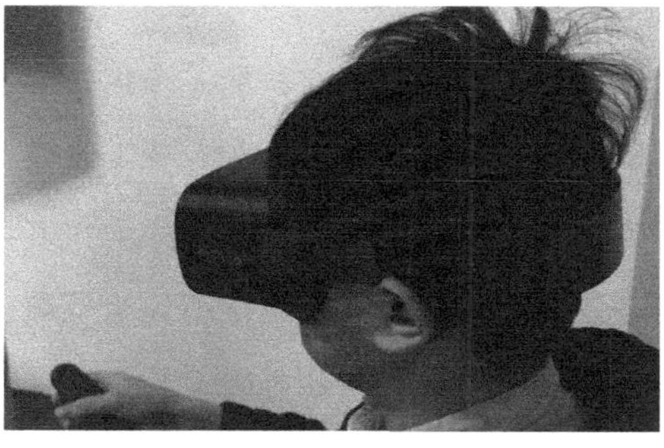

图 5-11　VR 大数据测评设备

具体来说，系统首先对 GPCA-VR 的单一层级指标进行数据测量指标比对，针对该层级对应的数据指标分别进行统计分析，根据其数据类别的不同提取不同的指标敏感项，既可以是声音数据的波长分析，也可以是眼动数据的达标物体类别方位分析，还可以是某个环节中的行为特性分析，更可以是某个回答选择过程中思考时长分析等，对这些数据进行算法交叉判定，获得最终的层级指标得分。同时，在进行 VR 测评时，一个测评系统至少包括三种不同的场景，三种不同的场景就是三种不同的测评环境，通过不同的环境去激发和测评一个人，相互验证，稳定关联。

某企业筛选并组织内部销售人才进行了大数据 VR 测评。在进行“抓凤尾鱼”的游戏测评中，系统捕获了员工的行为信息（抓鱼总数量、红色水草区域抓鱼数量等）和语音情感信息（如图 5-12 所示）等信息。

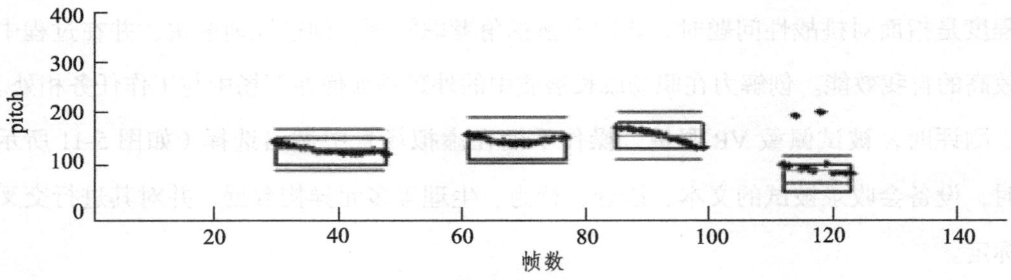

图 5-12　语音情感信息分析

通过对这些数据进行交叉判定，企业获取了个体潜质上的分布情况，其中王某的 VR 测评结果如图 5-13 所示。总体来看，王某共情力、探索力、创解力发展不均衡，其共情力是职场成长潜质中的优势方向，可以作为个人的优势继续放大；探索力的两个子维度都比较低，属于个人劣势项，以后在安排其工作时可以考虑有意识地避开相关内容；创解力现在处于较低水平，但是本潜质项具有较大提升空间，可以通过后期有意识的学习历练得以提升。

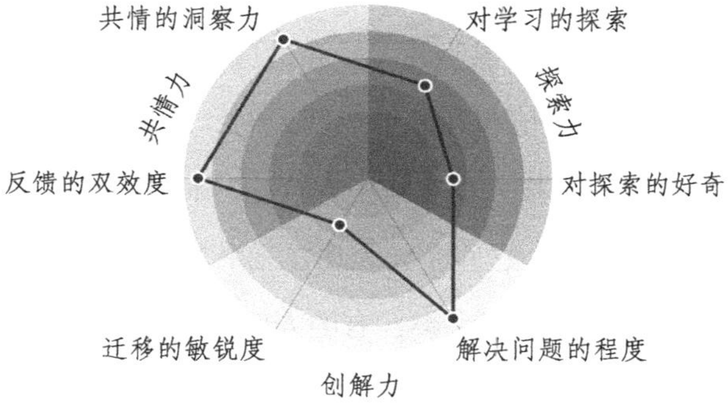

图 5-13 王某的 VR 测评结果

对所有参与测评的销售人才进行综合分析（如图 5-14 所示），结果发现群体的探索力相对较弱，共情力相对较强；同时根据中位数、平均值和方差的不同可以看出，对探索的好奇得分离散度较高，对学习的探索和反馈的双效度高分较多。

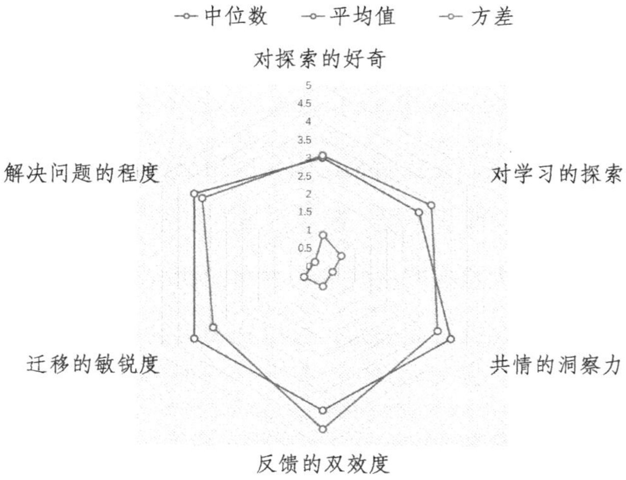

图 5-14 参与测评的群体人员分析结果

四、职业兴趣、价值观与道德测验——让人才获得“心流”体验

严格来说，职业兴趣也是个性的一部分，价值观和道德是更为深层次的内容。为什么将三者放在一起呢？因为它们与职业的选择和适应性直接相关，能够直接了解到人才与职位的匹配程度。当兴趣与价值观和职业相匹配时，就会产生最高的满意度和最低的流动率，人才也会将注意力完全投入在工作上，产生一种“心流”① 体验。

不同人的兴趣有不同的特点，这些差异表现在三个方面：一是兴趣的指向性差异，有的人对运动感兴趣，有的人对音乐感兴趣，有的人对哲学感兴趣；二是兴趣的广度差异，有的人兴趣广泛，琴棋书画样样喜欢，有的人除了自己的专业外，对其他内容一概不感兴趣；三是兴趣的稳定性差异，有的兴趣持续时间很短，有的兴趣一辈子保持不变。一般而言，在进行人才画像时，要进行测量的兴趣都不是短暂的，而是与职业相关的长期兴趣。

同样，价值观和道德也有指向性的差异，但它更为稳定持久。因此我们在进行测评时，一定要把被试真正的职业兴趣和价值观“挖出来”，了解他们真正的职业倾向。以下几个工具能够为测试者提供很大的帮助。

1. 职业兴趣测验

（1）霍兰德职业兴趣测验

霍兰德职业兴趣测验是在职业倾向测验中，应用最多、最具权威性的工具之一，由美国约翰斯·霍普金斯大学心理学教授、职业指导专家约翰·霍兰德（John Holland）根据他提出的职业兴趣理论和大量的职业咨询经验编制而成。霍兰德认为，个人职业兴趣特性与职业之间应有一种内在的对应关系，可以先测定自己的兴趣特性，然后根据其特点查找适合自身的职业。

根据兴趣的不同，霍兰德把职业人格分为研究型（I）、艺术型（A）、社会型（S）、

① 心流是人们在专注进行某种行为时表现出来的心理状态，是一种将个人精力完全投注在某种活动上的感觉。处于此状态时，人们表现得十分亢奋，且不愿被打扰。

企业型（E）、传统型（C）和现实型（R）六个维度，每个人的人格都是这六个维度不同程度的组合。

研究型人格的人的共同特点是：抽象思维能力强，求知欲强，肯动脑、善思考，不愿动手，往往是思想家而不一定是实干家；喜欢独立的、富有创造性的工作；善于理性思考问题，做事追求精确，喜欢逻辑分析和推理，喜欢不断探讨未知的领域；有学识才能，不善于领导他人。

艺术型人格的人的共同特点是：具有一定的艺术才能和个性，喜欢创造新颖的、与众不同的成果；具备创造力，希望通过表达个性来实现自身的价值；做事较为理想化，可能会脱离实际地追求完美；善于表达，不善于从事事务性工作；有些怀旧，心理状态往往较为复杂。

社会型人格的人的共同特点是：致力于建立广泛的人际关系，喜欢与人交往，会不断结交新朋友；善言谈，喜欢助人，愿意教导别人；比较看重社会道德和社会义务，关心社会问题，渴望发挥自己的社会作用。

企业型人格的人的共同特点是：追求权威、权力、物质财富，具备一定的领导才能；敢于冒险，喜欢竞争、有野心、有抱负；为人务实，目的性很强，习惯以利益、得失、金钱、地位、权力等来衡量价值。

传统型人格的人的共同特点是：喜欢按计划办事，尊重权威和规章制度，有条理、细心，不会主动申请担任管理者，习惯于接受他人的指挥和领导；通常较为谨慎和保守，不喜欢冒险和竞争，缺乏创造性，喜欢关注细节；具有一定的自我牺牲精神。

现实型人格的人的共同特点是：愿意从事操作类工作，动手能力较强，做事手脚灵活、动作协调；偏好具体的任务；不善言辞，做事保守，较为谦虚；缺乏社交能力，通常喜欢独立做事。

这六种维度还可以排列成一个六边形（如图 5-15 所示），以此表示各人格类型间的关系。相邻的两类相似度最大，如传统型（C）和现实型（R）；间隔的两类相似度较小，如艺术型（A）和企业型（E）；相对的两类则完全对立，如现实型（R）和社会型（S）。

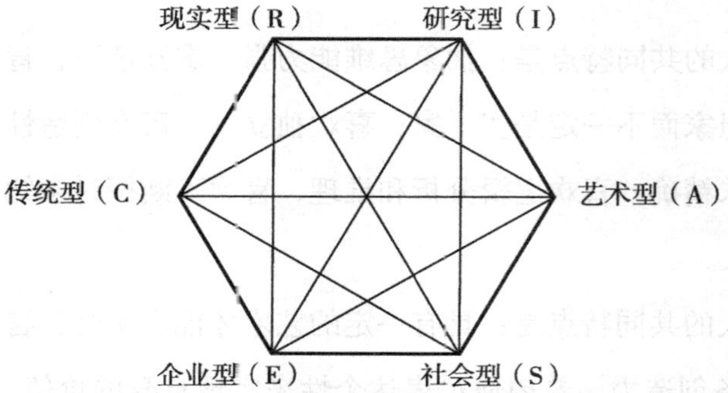

图 5-15　霍兰德的职业类型六边形

> 研究型和艺术型的职业兴趣比较接近，同时拥有这两种兴趣的人一方面有研究型的特点，如沉稳、情绪稳定性强，另一方面也有艺术型的特点，如具有创造力等，这类人更加适合从事艺术创造、表演等工作。
>
> 研究型和企业型的职业兴趣正好相对，同时拥有这两种兴趣的人会相对较少，而且也会面临难以选择的困境，当然不代表这两种职业兴趣只能选择其一，如现在许多研究者晋升高管等，都说明职业兴趣可以存在较大差异，虽然这并不常见。

相对应地，职业需要的特性与这六个维度也密切相关。为了标定个人的兴趣特性或人格特性，霍兰德选取了三个维度，并将其排列方式称为“职业三字母码”，如 RIA、ASE 等，每一个三字母码都代表一种职业类型。在测验时，被试首先需要根据自身的经历或感觉，完成一套自评问卷。该问卷从活动、能力、职业和能力自我评价四个方面评估个人在六个维度上的分布情况（得分情况）。随后取得分最高的三个维度，按照从大到小的顺序进行排列，就能够得到专属于自己的“职业三字母码”，再对照霍兰德设计的职业搜索表，便可了解适合自己的职业环境。

某位员工在完成霍兰德职业兴趣测试后，发现自己得分最高的是社会型（S），其次是企业型（E），研究型（I）得分排第三，但数值与前两者差距较大。

由此可以判断，该员工主要的人格类型是社会型（S），喜欢与人交往，不断结交新的朋友，善言谈，愿意教导别人；关心社会问题，渴望发挥自己的社会作用；寻求广泛的人际关系，比较看重社会义务和社会道德。其次是企业型（E），追求权威、权力和物质财富，具有领导才能；喜欢竞争、敢冒风险、有野心、有抱负；为人务实，习惯以利益得失、权利、地位、金钱等来衡量做事的价值，做事有较强的目的性。

他的职业三字母码为 SEI，对照职业搜索表，适合的职业有大学校长、学院院长、医院行政管理员、历史学家、家政经济学家、职业学校教师、资料员。

霍兰德职业兴趣测验的篇幅较少，只有 90 道题，被试只需要做出“是”或“否”的迫选回答（如表 5-27 所示），有利于企业进行团体测验。同时，由于测验结果的计算方式较为简单，且测验本身就提供了相关的说明，企业可以自行组织测试。

表 5-27 霍兰德职业兴趣测验例题

题目	选项	
我喜欢把一件事情做完后再做另一件事	是	否
在工作中我喜欢独自筹划，不愿受到别人干涉	是	否
我喜欢做戏剧、音乐、歌舞、新闻采访等方面的工作	是	否
每次写信我都是一挥而就，不再重复	是	否
我经常不停地思考某一问题，直到想出正确的答案	是	否

（2）库德职业兴趣调查表

库德职业兴趣调查表（Kuder Occupational Interest Survey，KOIS）是一种自我报告的职业兴趣测试，由美国心理学家弗雷德里克·库德（Frederic Kuder）设计并提出。

不同于霍兰德职业兴趣测验将个体的兴趣倾向与从事某些职业所需的兴趣点进行配对，KOIS 侧重于衡量人的兴趣广泛程度。库德将所有职业分为 10 种类型，包括户外活动、机械、科学、运算、宣传、艺术、文学、音乐、社会服务和文书，每种类型对应一套测验问卷，被试答完所有问卷后，根据得分高低判断他们对这一领域是否感兴趣。

KOIS 题目的形式是迫选式，被试需要在三个选项中选出最喜欢和最不喜欢的，表 5-28 展示了其中的部分例题。值得注意的是，KOIS 十套问卷的得分是用来进行自我比较的，察觉自身对哪几个领域更有兴趣，而不是用来与他人进行横向比较的。

表 5-28 KOIS 问卷题目示例

项目	最喜欢 / 一般 / 最不喜欢
修理汽车马达	
计算平均成功率	
挨家挨户卖报纸	

2. 价值观与道德测验

（1）舒伯职业价值观测验

每个人在职场上都有不同的价值追求，对与工作相关的各个组织侧面持有不同的价值偏好，这就是职业价值观，它指导着我们对工作行为、工作方式、工作成果的价值判断。目前，被广泛接受的职业价值观测验工具较少，我们选取了相对来说较为成熟和广泛使用的舒伯职业价值观测验进行介绍。

舒伯职业价值观测验（Work Values Inventory，WVI）来源于美国心理学家唐纳德·舒伯（Donald Super）关于年轻男性职业发展的研究。在进行一些调整后，这一测验工具包括了 45 道题，测量了 15 种价值观（如利他主义、美学、创造力、智力刺激、成就、独立性、声望、管理、经济回报、安全、环境、监督关系、同事、生活方式和多样性）。然而，由于原始的测验工具主要用于测评美国的学生，我国宁维卫教授在此基础上本土化修订了问卷。修订后的问卷可以对包括大学生在内的在职青年进行测试。

本土版的 WVI 共有 60 道题，同样反映了原始测验中的 15 项价值维度。在答题时，被试根据自身经历，在非常不重要与非常重要之间进行单选（如表 5-29 所示），最后根据分数的高低判断自己在这个维度上的职业价值观倾向。相比于霍兰德职业兴趣测验，舒伯职业价值观测量的维度更多、更加细致，并且是鲜活的个体的价值观特点，有助于测试者和被试了解职业兴趣类型。

表 5-29　舒伯职业价值观测验问卷题目示例

题目	非常不重要	不重要	不确定	重要	非常重要
工作中能经常面对新问题					
能经常接触新事物					
能经常感到学习的紧迫性					
能感到工作有新意					
有益于他人					

（2）雷斯特确定问题测验

企业管理者对于员工在道德层面上的评价一般来源于日常的工作与沟通，如果管理者实在无法在工作场景中形成准确的道德评价，就可以考虑采用量表的方式进行。

雷斯特确定问题测验（Rest’ Defining Issue Test）由美国心理学家詹姆斯·雷斯特（James Rest）基于前人的研究结果提出。雷斯特认为个人的品德是由品德中的认知因素决定的，因此他主张从品德现象的认知方面测量品德水平。

雷斯特确定问题测验由六个两难故事组成，分别为“海因茨与药”“学生接管”“逃犯”“韦士德先生”“医生的难题”“报纸的故事”。每一个故事后会列出 12 个问题，分别代表不同的检测项，被试的任务就是在阅读故事的基础上，先对故事主人公的某种行为做出“应该”“不应该”或“不能决定”的单项选择，然后针对这个选择回答 12 个问题。

根据结果，主试可得到被试的三种分数，即 D 分、P 分、M 分。D 分是在每一阶段问题进行加权的基础上计算出来的总分；P 分代表被试在做出道德两难判断时赋予的道德思维的重要程度；M 分可检验被试的问卷是否有效。

【例题】海因茨与药

欧洲有个妇女得了癌症，医生告诉她的丈夫海因茨，有一种镭化剂能治疗这种癌症。这药是本地的一个药剂师发明的。药剂师将一剂药标价 2 000 美元，是药成本的十倍。海因茨到处借钱，只凑够了 1 000 美元。他请求药剂师将药卖得便宜些，或者允许自己分期付款购买。药剂师说：“不行，我发明这种药，就是为了赚钱。”海因茨在绝望中，破窗进入了药房，偷走了药，挽救了妻子一命。海因茨在把药交给妻子后，自己被警察抓了起来。海因茨偷药对不对呢？

（3）员工品德评价表

雷斯特确定问题测验虽然是纸笔测验，但对评委的要求较高，需要邀请外部专家来评判被试的道德水平。由于在绘制人才画像时，利用测评工具对品德进行测验的投入程度并不高，因此本书介绍一种更为简单、直接的测评工具——品德评价表。

品德评价表的内容如表 5-30 所示。在使用时，被试根据自身的情况及评价标准，对七个项目进行打分，从而获得总分。这一评价表也可以邀请被试的同事和直接领导参与，共同评价该被试的品德情况，从而获得客观、完整的认知。

表 5-30　品德评价表

评价项目及权重	评价标准	赋分	评分
责任心（20%）	对工作高度负责，可放心地把工作交给他	20	
	工作勤勤恳恳，可交付工作	18	
	较负责任，能完成本职工作，偶尔需要督促	15	
	工作欠缺责任心	10	
基本行为准则（10%）	处处维护公司和个人形象，举止文明	10	
	能自觉维护公司利益，爱护公司财产，节约成本	7	
	不太注意小事，需更严格地要求自己	5	
主动性（15%）	能自觉、主动地分担和完成工作	15	
	能够自觉完成本职工作	12	
	能自觉完成已安排的工作	10	
	工作较被动，有时需要上级督促	8	
协作性（15%）	可以积极配合他人，团队意识强	15	
	能较好地配合他人，有协作精神	12	
	可以配合他人，偶尔较被动	10	
纪律性（10%）	能够严守规章制度，可以起到监督表率作用	10	
	能自觉遵守规章制度，有安全意识	7	
	纪律一般，不能严格要求自己	5	
工作服从性（10%）	服从集体安排，能做到积极配合	10	
	服从领导安排，做事有反馈	7	
	回避工作安排	5	
奉献精神（20%）	不计较个人得失，愿意主动奉献时间、精力等	20	
	在确实需要的情况下可以奉献自己的时间、精力等	18	
	对个人得失斤斤计较	12	

第六章

补充方法使画像“有血有肉”

阅读完第四章和第五章的内容后，细心的读者可能会发现，观察和心理测量提供的信息都是点状的，如这个人是否精力充沛？有没有紧张？性格属于哪种类型？能力构成是什么样的？仅仅依靠这些碎片化的信息，人才画像更像是填空题，有可能会缺乏一些重要内容，同时也没有生动地描绘出“人”的形状。这时我们就需要用到其他方法，将所有信息串联起来。

对于人力资源从业者来说，本章介绍的方法很是眼熟，甚至每天都在使用。不过这次我们要站在新的角度去思考这些方法，将它们作为补充人才画像信息的渠道，而不是仅以完成招聘、筛选、考核工作为目的。由于这些方法多为企业自己组织，因此我们会特别介绍实施步骤，表 6-1 展示了不同方法的复杂程度和使用频率，也为实际应用与选择提供了指导。

表 6-1　不同方法的复杂程度和使用频率

复杂程度	工具名称	使用频率
更复杂	组织网络分析	未知
↑	管理游戏	20%
	公文筐测验	60%
	角色扮演	28%
	笔迹分析	15%
	无领导小组讨论	81%
	案例分析讨论	35%
↓	面试	90%
更简单	笔试	96%

一、面试——获取初步认知的经典方式

面试是指在预先设定的场景下，面试官与被试面对面直接交流，以期全面深入地了解被试的外部表现及隐性内在特征，进而对他们的发展潜力做出评价。面试官通过观察被试的仪表举止、语言表达、动机态度、反应能力、人际交往的意识与技巧、自我控制能力，及其性格、爱好、专业知识与技能等做出准确的评价。

一般来说，面试往往应用于招聘或竞聘等活动中，用于绘制人才画像的目的主要有两个。一是在项目小组不了解绘制对象时，获取初步的感性认知，便于后续开展工作。二是再次考察、评价对方的能力素质，并将其作为画像内容。

1. 面试的类型

根据面试组织方式、内容等方面的不同，面试可以划分为不同的类型，每种类型的面试都有各自的特点。根据结构化程度可以划分为以下三种。

（1）结构化面试。结构化面试是指预先准备好与测评目的相关且有先后顺序的一系

列问题，面试开始时应严格按照问题顺序与被试进行交谈并观察。结构化面试在一定程度上避免了面试官的主观性，并且可以实现面试结果的量化，横向比较不同被试的特点，但也存在内容不够灵活、无法获取更深层次的信息等缺点。

（2）非结构化面试。非结构化面试是指在预先没有准备限制性的提问纲要及参考答案的前提下，面试官可以与被试自由交流。非结构化面试的氛围比较轻松，面试双方比较容易建立信任关系，面试官可以借此进一步了解被试，获取画像所需的深度信息。但是，由于非结构化面试的自由度较大，内容与形式具有主观性，容易导致评价结果存在偏颇。

（3）半结构化面试。半结构化面试是一种介于结构化面试和非结构化面试之间的面试方式，兼顾了二者的特点。面试官可以依据面试需要同时使用结构化面试题目和非结构化面试题目，在被试回答相同的问题时，面试官可以根据不同对象的不同回答进行针对性追问，以达到深入、细致了解被试的目的。

根据面试的组织方式划分，面试可以分为以下两种。

（1）系列面试。系列面试又称多轮面试，是指被试需要参加多次面试，在每一轮面试中，面试官会对被试进行不同深度的提问，并针对他们的表现进行评价。在各轮面试结束后，评委讨论评分差异，确定最终评价。系列面试提高了面试结果的客观性，有助于提升画像结果的准确性，不足之处是较难控制组织成本。

（2）小组面试。小组面试是指由一位主面试官和多位副面试官组成的面试评委组同时对一位被试进行面试，每位面试官从不同的侧重点出发对被试提出相应的问题。通过小组面试，面试官不仅可以获取被试外在特征的相关信息，也可以获得他们隐性的内在特征信息，进而做出更加全面的评价，减少因面试官的主观性而引起的误差。这种面试方式的不足之处是容易给被试造成不必要的压力。

根据面试的内容划分，面试可以分为以下三种。

（1）情境化面试。预先设定特定的工作情景，观察被试在情境下的行为表现，从而判断他们是否胜任当前职位。面试之前，面试官会对情境化面试的题目确定最佳答案，然后根据被试的回答对其进行评价。

> 情境化面试的题目可以简单分为任务完成型、现场解决型和两难型三类。任务完成型的题目情境多为某件具有项目性质的工作任务，需要被试回答“接下来打算怎么做”的问题，重点考察“搞定事”的能力，如计划安排、资源整合、风险防范和监控执行等。
>
> 现场解决型题目的情境多为突发事件和棘手事件，需要被试立即做出反应，重点考察“搞定人”的能力，如服务意识、沟通影响、灵活性和人际敏感等。
>
> 两难型题目提供了一个两难情境，被试需要权衡利弊进行决策，重点考察信息分析与决策的能力等。

（2）行为描述面试。评价未来行为或绩效的最好的预测指标是过去的行为或绩效，面试官在面试时侧重于关注被试过去工作的行为表现，从而进行评价。

（3）综合面试。重点关注与职位相关的信息，如职位要求的基本知识与技能、工作经验等。这种面试方法有助于绘制标准人才画像。

2. 面试的组织与实施

（1）确定面试题目

确定面试题目时，首先面试官应从简单一般性问题开始提问，缓解被试的紧张情绪，使面试双方更快地进入状态。

其次，题目要紧紧围绕工作所涉及的能力特征，了解被试个人特征与职位要求之间的匹配程度。

最后，题目设计时要留有余地，不宜过于死板，要张弛有度，也要为被试留出充足的回答空间。面试官要充分考虑企业特征和部门性质，选择合理的题目类型。常见的题目类型有以下几种。

①背景性问题。背景性问题主要用于了解被试的基础信息，如学历、工作经历等。面试官提出此类问题的主要目的就是为面试营造良好的沟通氛围。

②知识性问题。知识性问题主要用于了解被试对当前职位相关知识的了解和掌握情况。

③开放性问题。开放性问题一般都是比较自由的问题，且没有标准答案。

④情境性问题。情境性问题是指给被试一个假定的工作情境，要求被试回答在此情境下会如何应对的决策性问题。

⑤行为性问题。通过被试叙述过去工作经历中的行为，考察被试的个体特征，进而预测被试的发展潜力与未来绩效。

⑥意愿性问题。意愿性问题主要考察被试的价值取向、动机态度等个性倾向与组织价值观、组织文化、组织结构等是否匹配。

（2）选出的合适面试官

面试官的素质和数量直接决定了面试结果的有效性。一般来说，面试官从人才画像项目小组中选取，人数一般为 3~5 人，过多的面试官会使被试感到紧张。在背景构成上，面试官应该包括人力资源部员工、被试所在部门的领导、企业的中高层管理者和外部专家。

（3）面试现场布置

不同的面试场地布置形式会使被试产生不同的初始感受。一般来说，面试场地的布置主要分为以下三种方式（如图 6-1 所示）。

①斜对角式。面试官和被试呈斜对角 90 度左右就座，这样可以最大限度地体现平等与亲切，容易营造出融洽、友好的交流氛围，使被试感到轻松自在。

②近距离相对而坐式。面试官与被试在相隔不远的桌子两端相对而坐，这样既照顾

了被试的情绪，又使面试显得较为正式、专业，是大多数用人单位的招聘专员习惯采用的方法。

③远距离相对而坐式。面试官与被试在相隔较远的桌子两端相对而坐，使面试更具正式性与严肃性，但是由于相距较远，会影响被试的心理状态。

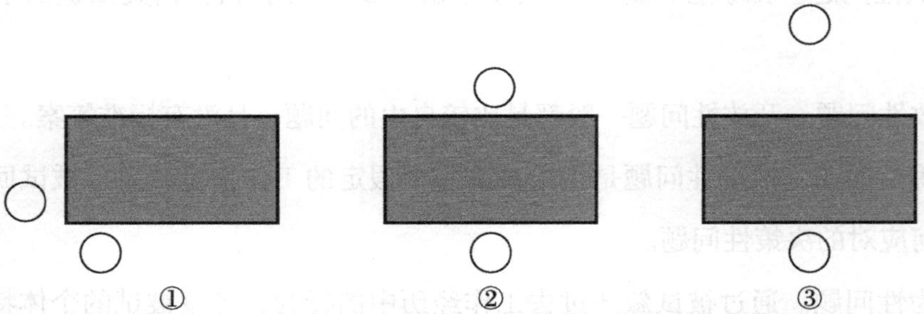

图 6-1　斜对角式、近距离相对而坐式和远距离相对而坐式示例

（4）建立氛围

在正式提问之前，面试官可以与被试交流一些比较简单的话题。通过这种交流可以迅速拉近面试官与被试之间的距离，缓解被试的紧张情绪。

（5）正式提问

基于前一阶段建立的信任关系，面试官可以按照被试当前职位所需要的能力特征对被试进行深入提问，然后根据被试的回答对其能力做出基本判断，这种初步认识可以归纳总结为画像的内容。

（6）补充提问

在这一阶段，面试官应检查前面提出的问题是否有遗漏之处。在面试的初期，被试可能因为过度紧张而表现不佳，如时间充足面试官可以给被试补充的机会。

（7）评估与记录阶段

面试结束之后，面试官根据被试的表现分别进行记录，并做出评价。评价的内容可以用来评判是否继续邀请该员工作为画像绘制对象，以及作为画像内容的一部分。

某公司在绘制人才画像时，首先组织了对全部绘制对象的面试工作。在准备阶段，工作小组成员被分为专业面试官与综合面试官，专业面试官负责考察专业知识，综合面试官负责考察反应能力、表达能力等综合素质。面试开始前一天，工作小组成员商讨面试流程、评价细则、保密原则等问题。面试时，被试逐个进入现场，面试官与被试采取远距离相对而坐的方式，由被试首先进行自我介绍，面试官以知识型问题与情景型问题为主进行提问，并做出评价记录。当所有被试结束面试后，工作小组成员汇总面试官的评价内容，经过讨论后决定其中三位被试因态度与能力问题，不需要参与后续的画像绘制工作。

二、笔试——专注于知识与技能的了解

笔试，又称纸笔测试、知识测验等，是指通过编制书面材料来考察被试的知识和技能水平。不同的职位需要不同的知识和技能，每一个人具备的知识的广度和深度，以及掌握的技能的数量与熟练度都不同，这就需要通过笔试来测验。

笔试操作简便易行，尤其适用于大规模测评，并可以同时对多个外化的硬性指标进行测评，因此非常适用于了解被试的知识与技能水平，并用于人才画像中。

1. 笔试的题目类型

笔试的题目内容和类型设置决定了考察的知识与技能的范围及程度，只有做好题目设计工作，才能够发现被试的真实水平。根据考察的知识类型与深度不同，笔试题目可以分为以下几种。

（1）选择题

选择题由题干和选项组成，根据正确答案的选项数又分为单选题和多选题。它具有

内容范围广、计分标准客观、题意明确的优点，但编制干扰答案较为困难。

电工知识技能测验选择题示例

1. 三极管基极的作用是（　）载流子。

A. 发射　B. 输送控制　C. 收集　D. 放大

2. 二极管的主要特性就是（　）。

A. 整流　B. 稳压　C. 单向导通　D. 反向击穿

3. 当电网发生故障时，如有一台变压器损坏，其他变压器（　）过负荷运行。

A. 不允许　B. 允许 2 小时　C. 允许短时间　D. 允许 1 小时

4. 我国交流电的频率为 50Hz，其周期为（　）秒。

A.0.01　B.0.02　C.0.1　D.0.2

（2）匹配题

匹配题从选择题转化而来，由若干题干和选项组成，要求被试将题干和选项进行匹配。它具有涵盖内容多、节约时间的优点，更适用于测评简单知识点。

（3）是非题

是非题包含对命题做出是非判断、找出命题中的错误、找出错误并改正、做出是非判断并阐释理由等多种形式。它具有内容范围广、计分标准客观的优点，但分数易受到反应定式和猜测因素等认知因素的影响。

（4）填空题

填空题要求被试填写命题中的空缺内容，以考察其对知识术语、基本事实、程序步骤等的掌握情况。

（5）简答题

简答题通常考察被试掌握基础知识的情况，由简短的背景题干和围绕某个知识点的几句设问构成。简答题通常有标准化的答案，按照“踩点”计算得分，特别适合考察被试对于战略和业务等相关应知应会内容的理解与掌握程度。

（6）论述题

论述题属于主观类题型，其优点是给予了被试足够的想象和思考空间。论述题围绕热点问题、行业趋势和战略方向展开，被试需要理论联系实际，对问题进行综合阐述，反映了被试在掌握一定专业知识的基础上，结合当前资源推进实际工作落地的能力，及其对战略的理解和对争议问题的洞察能力。但回答和评分的时间较长，受主观影响较大。

管理类知识论述题示例

在现实中我们经常能够看到这样一种现象：一所高校的校长往往是在某学科造诣很高的学术专家，一所医院的院长则是医术高深的医学专家。但是，有些学术专家乃至医学专家却未能成为称职的管理者。针对上述现象，对于管理者应具备的技能，您的看法是什么？

2. 笔试的组织与实施

（1）编制试题与答案

在编制试题前，出题人要明确测验对象是谁？来自哪些部门？测验的范围多大？难度应该是怎样的？出题后，出题人要检查这些题目是否具有代表性，难度是否适中，是否贴近现实，是否有含混不清的表述等。好的题干应该能够让被试快速抓住重点。

（2）人员设置与考场布置

笔试人员主要包括主考官、监考官和工作人员。其中，主考官来自项目小组，负责笔试过程的整体推进；监考官和工作人员主要负责测试现场的组织工作。

在实施笔试的前一天，笔试人员要布置好考场，为被试准备好草稿纸等答题工具。应将考场安排在温度适宜、安静整洁、宽敞、采光充足的环境中。如果测试时间较长，可以为被试准备饮用水。

（3）实施阶段

笔试时长应根据题目的难易程度进行科学设定，不宜过长或过短。测试开始后，首先，工作人员引导被试入场，并要求他们之间保持一定的距离，避免相互讨论。随后，由主考官宣读指导语。主考官要做到声音洪亮、语言简洁、表达清晰，确保每一位被试都能够听清。最后，工作人员发放题本、答题纸和草稿纸。

被试开始答题时，主考官和工作人员应巡视考场，查看他们是否填写好姓名、编号等基本信息。测试结束后，主考官组织工作人员收齐所有材料，安排被试离开考场。

（4）评分与汇总

笔试题目大体可以分为两类。第一类是客观题，出题人需要事先拟定标准答案。第二类是主观题，如果是知识性题目，出题人也需要事先拟定标准答案，并根据被试答题中的要点给分；对于一些开放式题目，出题人需要事先列出该题目所测的要点维度，并对每一项维度制定评分标准，既可以分等级，也可以在答题的结果中对每一项指标设定一个标杆。

在笔试评分中应该注意以下两点：一是所有评分者的知识储备和业务能力处于同一量级，水平无显著差异；二是评分过程规范化，所有评分者的行为必须在规范的环境中按照统一的规程进行。

为了避免评分者对评分的主观影响，同一问题至少应该由两名评分者打分，然后对分数的一致性进行分析，对差异较大的评分进行调整。如果只有一名评分者，项目小组可以通过抽查的方式对案例进行检查，查看评分是否客观、一致。

对所有被试的笔试内容评分结束后，汇总结果可作为人才画像的组成内容。

三、无领导小组讨论——单次细致观察多人

无领导小组讨论是指将数名被试组成小组，要求他们就某一问题开展自由讨论，评委通过观察被试在讨论中的语言及非语言行为进行评价的一种测评形式。所谓“无领导”是指在规定讨论的问题所设计的情景中（通常与实际工作相关），各被试地位平等，事先不指定任何角色，在指导语中也不提及小组讨论先后顺序等具体要求，仅仅是要求以小组为单位进行讨论，通过讨论来解决问题。

在绘制人才画像时，使用无领导小组讨论主要有以下几个优点。

（1）增强时效性

无领导小组讨论以临时小组的方式开展，一方面能够有效节省项目小组的时间，另一方面可以观察在相同情境下被试的不同表现，从而对被试进行直接的横向对比，发现其能力水平的区别。

（2）体现考察维度的独特性

无领导小组讨论主要对被试三个方面的能力进行综合考量：一是社会交往和人际交流方面的能力，如组织协调能力、合作意识、团队精神、沟通能力、影响力等；二是解决问题的能力，包括探索和利用信息的能力、分析判断能力、理解能力及创新能力等；三是个性特征，如自信心、独立性、灵活性、情绪稳定性等。这些能力难以全部通过心理测验技术进行衡量，因此，通过无领导小组讨论获取的信息既可以作为对画像内容的补充，也可以作为对心理测验结果的验证。

（3）被试较难进行自我掩饰

为在测试过程中获得较好的评价，有些被试倾向于在测试之前做大量的准备工作，掩饰自身的某些缺点，致使项目小组在评价被试的真实情况时会出现偏差，这在心理测验的过程中很有可能发生。但在无领导小组讨论的压力情境下，被试难以进行自我掩饰，往往会在无意识中表现出自身真实的状态，有利于项目小组对其进行准确评价。

（4）平等、客观、公平

无领导小组讨论以角色地位平等为原则，不事先设定或分配角色和身份，以保证被试在讨论过程中的平等性，被试在测试中的表现完全取决于自身的综合素质。此外，与其他测试方法相比，项目小组在对被试的表现进行评价时，受心理因素的影响较小，因此对于被试的表现可以给出公正客观的分数，从而保证了测试的公正性。

1. 无领导小组讨论的题目类型

无领导小组讨论的题目决定了考察的结果。针对画像所需的内容不同，项目小组可以有针对性地选择对应的题目，表 6-2 展示了不同类型问题的考察要点和特点。

表 6-2　无领导小组讨论题目类型一览表

问题类型	定义	考察要点	示例问题
开放式问题	答案范围较广，没有固定答案	全面性、针对性、思路清晰、新见解	公司计划进行绩效改革，您认为应该如何实施
两难问题	在两种互有利弊的答案中选择其中一种	分析能力、语言表达能力及说服力	近期，很多企业采用了线上办公的方式，并取得了一定的效果。您认为线上办公这种方式是否有必要继续实施呢
多项选择问题	从多种备选答案中选择有效的几种方案或对备选答案的重要性进行排序	分析问题实质、抓住问题本质的能力	客服部在一个月内收集了 20 条信息，但只能筛选出 6 条汇报给上级部门，请确认选择哪 6 条
操作性问题	提供一些材料、工具或道具，让被试设计指定物体	主动性、团队合作能力、在团队中的角色定位	请你运用已有材料，构建一座楼房的模型
资源争夺问题	让处于同等地位的被试对有限的资源进行分配	语言表达能力、分析能力、总结能力、组织协调能力等	让被试担任各个部门的经理，并对有限的资金进行分配

（1）开放式问题

开放式问题主要用于考察被试的思路是否清晰，是否有新的观点和建议。开放式问题虽然容易出题，但是此类问题容易引起被试之间的争辩，能够考察被试的能力范围较为有限。

（2）两难问题

两难问题是让被试在两个没有明显优劣之分的选项中选择一个，这两个选项具有同等重要的优劣势，不能直观地看出一个选项比另一个选项更好。无论哪个选项，被试都能找出一定的理由支持自己的观点。因此，这类问题可以引发被试充分的辩论，主要考察被试的分析能力、语言表达能力和说服力等。

（3）多项选择问题

多项选择问题是让被试在多种备选答案中选择有效的几种方案或对备选答案的重要性进行排序，主要考察被试分析问题实质、抓住问题本质的能力，对于评价被试各个方面的能力和人格特质比较有利。

（4）操作性问题

操作性问题是让被试利用给定的材料和工具设计出指定的物体。这类问题考察的是被试的主动性、团队合作能力及其在团队中的角色定位等。

（5）资源争夺问题

资源争夺问题是指在资源有限的情况下，让处于同等地位的被试进行资源分配，考官一般会给每个被试分配一定的角色，模拟现实的场景。此类问题主要考察被试的语言表达能力、分析能力、总结能力、组织协调能力、发言的积极性和反应的灵敏性等。

2. 无领导小组讨论的组织与实施

（1）合理分组

无领导小组讨论是一种团体性的测评活动，需要事先对被试进行分组。对被试进行分组是测评组织工作中非常重要的一个环节，分组中的严重失误甚至会导致整个测评活动的失败。分组时应综合考虑下列因素。

①人数。一般每组应分配 5~8 人。人数太少会导致组员之间争论较少、讨论不易充分展开；若人数太多，则有可能因为组员之间分歧过大，很难在规定时间内达成一致，

最终无法完成任务。当小组的人数是偶数时，可以有效降低被试通过投票表决而求得一致性结论的概率。

②年龄。将不同年龄层次的被试按一定比例进行搭配，避免在讨论过程中出现因年龄因素而产生的谦让，从而影响测评效果。

③性别。为避免女性变成少数和弱势群体，被其他男性被试以少数派为由推出作记录人或总结发言人，从而影响测评效果，每组中的女性不得少于两人。

④职位层级。职位层级应尽量接近，避免把一些具有上下级关系或职位层级差异较大的被试安排在同一组中，使职位较低的被试没有表现的机会或影响自身能力的发挥。

⑤个性特点。测评中尽量把不同个性特点的被试安排在同一组中，以免由于个性差异影响讨论的效果。

⑥测评经验。应把曾经接受过无领导小组讨论训练或者参加过无领导小组讨论、有经验的被试放在一组，把没有此类经验的被试放在另一组。

（2）讨论题目准备

在先后实施多组无领导小组讨论的情况下，为防止题目泄露，项目小组需要事先准备好备用题目，这就要求出题人至少开发出两套类似的题目。

（3）测评场地布置

①在被试席位上摆放标有编号及姓名的席卡、1 至 2 张白纸及签字笔，席卡应为双面编号，摆放角度要便于评委观察，也要保证被试之间彼此看清楚。

②被试的席位最好呈扇形摆放，一方面有利于评委进行观察和评判，另一方面有利于被试注意到其他人的位置，从而便于彼此沟通，要避免出现 V 字形摆放，因为这样会出现“领导者位置”。

③观察席与被试席的间距为 4 米左右，以防距离过近给被试带来无形的压力。

（4）观察者的安排

无领导小组讨论的评委均来自于人才画像的项目小组。评委人数与参与讨论的被试人数的比例一般为 1 ：2，这样每位评委就有足够的精力观察被试了；尽量不安排被试的直接上级担任观察者，避免评价受到主观影响。

如果评委没有参与无领导小组讨论的经验，项目小组可以对其进行培训，使他们了解观察和评价的技巧。一般来说，观察和评价的主要依据是：观点是否有新意；当意见相左时如何处理；是否赢得他人的支持和拥护；是否善于倾听；是否只顾自己讲或经常打断他人的发言；是谁在引导整个讨论进程；是否经常进行阶段性总结等。

（5）实施无领导小组讨论

实施无领导小组讨论一般可分为四个阶段，如图 6-2 所示，包括准备阶段、轮流发言阶段、讨论阶段、总结陈词阶段。根据测评人数和讨论材料的复杂程度，无领导小组讨论可以适当延长时间。

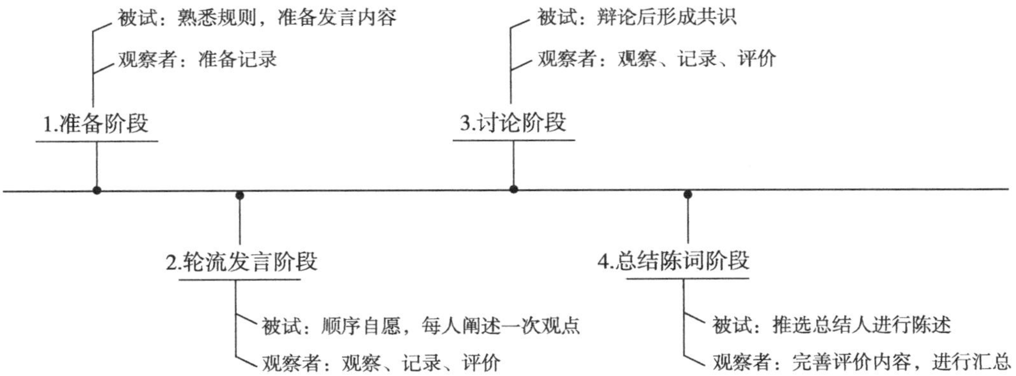

图 6-2　无领导小组讨论实施流程

准备阶段：

①测评开始前两分钟，工作人员带领被试进入测评场地，安排其就座，安排时要遵守分组要求；

②观察席宣读指导语，介绍小组讨论的任务及规则要求；

③工作人员为被试发放讨论背景材料；

④一般要求被试在10~20分钟内阅读背景材料，并针对讨论任务或主题进行思考，为接下来的自由讨论做准备。被试做准备时可以把自己的思路或观点写在白纸上。

轮流发言阶段：

观察席示意被试进入“个人观点陈述环节”，组内自行安排发言顺序，一般每个人的发言时间不超过3分钟。评委记录被试的观点及临场表现。

讨论阶段：

观察席示意被试进入“自由讨论环节”，自由讨论是整个无领导小组讨论的核心环节。被试要按照指导语中规定的讨论原则，参考背景材料，围绕任务主题展开自由讨论。自由讨论一般要求被试在30~40分钟内就讨论任务或主题达成内部一致。在被试讨论的过程中，评委需要观察、记录特征行为，同时不得介入讨论中。

总结陈词阶段：

①小组指派一位代表在三分钟内汇报小组意见，观察席听取小组代表的汇报；

②观察席宣布小组讨论活动结束，工作人员引导被试离开测评现场；

③评委汇总所有的记录和评价内容。

（6）总结与评价

无领导小组讨论结束后，评委之间进行讨论，说出自己对所有被试的能力评价。小组对共性评价进行整合，作为人才画像的内容；对不同意见进行深入讨论，尽量形成较为统一的评价，作为画像的备选内容。

四、公文筐测验——管理者角色的真实静态能力

公文筐测验也叫公文处理、公文包测验，是指将被试置于预先设定的工作情景中，以管理者的身份，在规定的时间或其他限制性条件下，处理包括财务、人力资源、营销、法务、关系维护等内容在内的问题，并给出理由。通过观察被试在规定条件下处理相关

公文时的行为表现以及分析被试给出的处理依据，评估其现有的管理水平及管理潜质。

将公文筐测验作为人才画像的工具主要基于其具有以下几个特点。

（1）测验内容广泛

公文筐测验的依据是文件处理的方式及理由，是静态的思维结果，因此，除了必须通过实际操作才能体现的要素外，任何背景知识、业务知识、操作经验及能力要素都可以包含于文件之中。

（2）测验情境仿真

公文筐测验模拟的工作情景具有高度真实性，为被试提供的相关材料具有高度实践性，可以让被试完全投入到测验当中，使被试表现出日常的工作状态。

（3）测验过程平等

公文筐测验把被试置于预先设定的工作情境中，让他们以管理者的身份处理相关文件，以统一的评估标准衡量工作结果，保证了每一个被试角色的平等性及结果的公平性。

1. 公文筐测验的形式类别

在实际操作过程中，根据公文的不同，公文筐测验可以分为以下两种方式。

（1）根据公文的展现形式进行划分

根据公文展现的完整与否，可以将公文筐测验分为三种类型。一是所需处理的公文已有正确结论，是已经处理完毕归入档案的材料，让被试处理这样的公文，目的是检验被试处理得是否有效、恰当、合乎规范；二是所需处理的公文信息完整，要求被试在综合分析的基础上做出决策；三是所需处理的公文尚缺少某些条件或信息，检验被试是否能够发现问题，并提出进一步获得信息的要求。

（2）根据公文的内容属性进行划分

公文筐测验的文件内容涉及到工作过程中遇到的各种实际问题，对这些问题的属性进行归类，也有助于区分公文筐测验的类型。目前使用较多的文件属性包括人工成本核算问题、人员大量流失问题、突发事件处理、公司制度与人情矛盾、绩效考核问题、人员配置问题、员工福利问题、问题员工处理等。

2. 公文筐测验的组织与实施

（1）编制测验题目

①收集文件素材

基于公文筐测验的适用范围，测验题目需围绕管理能力进行设计。公文素材的收集方法主要有两种：一是通过询问公司优秀管理人员和他们的直接上级来征集关键事件，一般按照所需编制文件数量的 2~3 倍来征集；二是从组织内部现有的各类公文中选取文件素材。

②加工素材

收集到的素材需要进行加工才能投入使用。首先，依据素材涉及的测评要素，对现有素材进行筛选与归类。如果素材没有涉及任何测评要素，需要予以剔除；如果事件涉及某个测评要素，则要把该素材归类于相应的测评要素，从而得到反映每个要素的大量工作事件。其次，素材涉及的事件不能太过抽象或不够完整，需要对时间、地点、人物、过程等要素进行适当补充。最后，当事件描述过于冗长时，也需要进一步精简，必要时可适当拆分，将一份材料拆分为多份材料呈现给被试。

需要注意的是，公文筐测验的题目涉及的事件信息需要做出一定程度的修改，不能完全照搬。一方面，被试的工作范围不同，部分人可能接触过相关工作，直接照搬企业内部的真实材料就违背了测验的公平公正原则；另一方面，实际工作中的公文复杂性往往较高，不太适合直接用来考察被试的静态能力。

③对文件进行组合

首先，需要对加工完成的文件进行分类，确保测验包括多种文件；其次，要依据岗位所需的能力及工作情境对各种文件进行汇总，形成系统性的测验材料；最后，需要根据职位要求，选择合理的文件数量，使被试能够在规定的条件下处理完成。

【情境】

假定你被湖南某合资食品公司任命为人力资源部经理，以下任务需要你单独完成。今天是7月26日，你上午参加企业中层干部年终总结会议，现在已经是下午2:00。你的办公桌上有一堆文件，你最好在5:00前处理完毕，因为你将去北京参加全国食品行业研讨会，机票已经订好，司机小王5:00来接你去机场，你1月4日才能回到办公室。你公司的主要产品是星星牌系列食品，该产品的市场需求量很大，公司正打算扩大生产规模。好，你现在可以开始工作了。

【任务】

在接下来的3小时中，请你查阅文件夹中的各种信函、电话录音及电子邮件等，并用如下回复表作为样例，给出你对每个文件的处理意见。

具体答题要求是：

（1）确定你选择的回复方式，并在相应选项前的“○”里画“√”；

（2）请给出你的处理意见，并准确、详细地写出你将要采取的措施；

（3）在处理文件的过程中，请注意文件之间的相互联系。

【回复表示例】

回复方式：（请在相应选项前的“○”里画“√”）

○信件／便函　○电子邮件　○电话　○面谈　○不予处理　○其他，请注明

回复内容：（请根据每个文件做出准确、详细的回答）

文件一：

董事会书面通知：

今后总公司、分公司两级的干部培训工作由人力资源部负责。但是，公司

最初确定人力资源部人员编制时并没有培训工作这项任务。为了做好这项工作，需要给人力资源部增加必要的编制名额，建议给人力资源部增加3人，每个分公司增加1~2人。关于人力资源部增加的3个编制名额，请总经理审批；关于给分公司增加的编制名额，请批转各分公司从现有名额中调剂解决。

以上安排当否，请回复。

副总经理张华

2022年7月20日

文件二：

今天下午，公司外方经理比尔在车间检查工作时发现操作工小王在打瞌睡，他极为恼火，用粗鲁的语言训斥、谩骂小王，并决定扣发小王的当月工资并罚款100元。这件事引起全车间工人的强烈反响。他们议论说："小王有错该批评，但不该训斥谩骂，经济惩罚也太重了。"有的工人说："如果再发生这样的事情，我们就要罢工。"请问该如何处理这件事？

人力资源主管李劲

2022年7月23日

（其他文件略）

（2）选择合适的测验场地和时间

公文筐测验应尽量安排在工作时间进行，要尽可能真实地模拟办公环境。为了保证测验的公平性和保密性，最好将所有被试安排在同一时间内完成测验。

（3）选择合适的观察员

项目小组中熟悉公文筐测验内容的成员，以及了解公文筐测验理论知识的成员可以构成观察团队，从而对被试做出全面、客观、公正的评价。在测验过程中，观察员可以在需要的时候恰当地展开问询，并且解答被试提出的合理问题。

（4）实施

公文筐测验具有严格的时间限制和考试规范。在测验过程中，观察员需要观察、记录被试的工作状态和行为表现。除此之外，观察员也可以通过视频回放的方式进行观察。

（5）评价被试行为并汇总

测验结束后，所有观察员在评价和汇总处理结果时主要遵循以下三个原则。

①先整体后细节原则。观察员首先大致翻阅文件结果得出一个总体评价，然后观察具体测验细节。

②充分考虑个体能力差异。被试在处理不同类型的文件时，一旦出现处理质量的较大差异，在排除时间限制等因素后，观察员应考虑被试是否存在能力上的差异，取其较优表现作为评价结果。

③先重点后非重点原则。每个文件可以同时考察几个测评要素，但是每个文件有侧重考察的要素，观察员可先考察重点测评要素的处理情况，同时参考非重点测评要素的处理情况，然后进行综合评价。

在得到评价结果后，所有观察员进行讨论，汇总共性的内容作为人才画像的构成部分。对具有争议的能力评价进行深入讨论，其中能够达成一致的部分作为人才画像的备选内容。

五、角色扮演——简单快速的动态能力检测

角色扮演是一种情景模拟活动，它要求被试根据任务内容和自己的理解，扮演特定剧本中相应的角色，完成特定的角色任务，评委通过观察被试完成角色任务的过程对其进行测评。

角色扮演是绘制人才画像的形象化手段。在角色扮演的过程中，被试以轻松愉快的

状态，积极主动地为完成任务而努力，能够充分表现自我，深度参与人物角色当中，展示自己的沟通、表达和组织等能力。项目小组也能够全方位观察被试的各种具体行为，如肢体动作、表情变化等，得到在公文筐测验中无法获取的动态能力评价内容。

1. 角色扮演的类型

角色扮演按以下标准可以划分为四种类型。

（1）按照被测人数的不同分类

按照受评人数的不同，角色扮演可以分为单独测评和多人同时测评。在单独测评时，由被试独自完成角色扮演，或者由主评委或工作人员配合表演进行测评。多人同时测评时，几个被试同时扮演不同的角色，执行不同的任务，主评委进行测评。

（2）按照角色指定程度的不同分类

按照角色指定程度的不同，角色扮演可以分为两种类型。一种对被试有详细的角色指定和角色说明，被试只要按照指导语进行角色扮演即可。另一种对各个被试扮演的角色没有明确说明，只在指导语中交代了任务，让他们在完成任务的过程中自行进行角色定位。如指导语只交代被试作为一个团队去完成一个销售任务，不另行指定谁担任团队领导者及队员，由被试在完成任务的过程中自行决定。

（3）按照有无助手分类

根据有无助手可以将角色扮演划分为有助手参与和无助手参与两种。有助手参与的角色扮演是指角色扮演中有助手在情景中承担一定的任务，并参与整个角色扮演的过程。在角色扮演的过程中，要求助手根据测评要求扮演被试的上级、同级、下级、客户或合作伙伴等，按照事先设计好的“剧情”对被试进行相关提问。无助手参与的角色扮演是指在角色扮演的过程中没有任何助手的参与，可以是单个被试扮演某个角色，也可以是几个被试分别扮演“剧情”中的不同角色，共同完成角色扮演。

（4）按照任务性质的不同分类

按照任务性质的不同，角色扮演可划分为关系协调型、问题解决型和动手操作型三种。关系协调型的角色扮演要求被试以特定的身份去协调组织内外部的关系。问题解决型的角色扮演就是在情景中设置问题让被试以一定的身份来处理和解决。关系协调型和问题解决型的角色扮演能够考察被试组织协调、人际沟通、应变等多方面的能力素质。动手操作型的角色扮演是为被试提供一定的操作仪器或材料，观察被试的操作能力。

2. 角色扮演的组织与实施

（1）明确测评维度

根据画像对象的不同，角色扮演的测评维度是不一样的。如果被试是销售部员工，角色扮演的关注重点就是说服力和觉察情绪的能力；如果被试是管理者，角色扮演的关注重点就是控制协调能力、决策能力以及与下属的沟通能力。所以，在实施角色扮演之前，项目小组应该根据对象的不同确定角色扮演的测评维度。

（2）题本开发

题本开发是指结合测评目的和典型工作情景，提炼测评要点，选择适宜的角色扮演方式，设计矛盾冲突点和角色任务，也就是编写“剧情”。项目小组可提前对角色扮演的“剧本”进行试测，分析其矛盾冲突的合理性、评价结果的区分度等，并进行及时调整，确保题本的测评有效性和科学性。

（3）确定角色分工

在角色扮演开始前，项目小组要选出观察者，负责对角色扮演的过程做出评价。如果角色扮演中有助手参与，项目小组也需要对助手进行培训，让其提前熟悉“剧情”环境，并对自身言行进行一定的规范。

（4）场地布置

角色扮演的位置安排要充分考虑角色的平等性，避免因位置的差异而给被试造成不必要的心理偏差。另外，布置场地时要保证被试面对观察者，以便观察者观察和评价被试。

10分钟的角色扮演实例

【指导语】

你将与其他两个人共同合作、相互影响完成角色扮演任务。请快速阅读你的角色描述，然后认真考虑怎样扮演这一角色。进入角色前，请不要和另外两位被试讨论即席表演的事情。请运用想象使表演持续10分钟。

【角色描述】

图书直销员：你是个大三的学生，你想多赚点钱养活自己，在这个月你要尽可能多地卖出手头的图书，否则你将陷入经济窘境。你刚在党委办公室推销，办公室主任任凭你怎样介绍书的内容，他都不肯买。现在你恰好走进了人事科。

人事科主管：你是人事科的主管，刚才你已注意到一位年轻人似乎正在隔壁的党委办公室推销书，你现在正急于拟订一个人事考核计划，需要参考有关资料。你想买一些参考资料，但又怕上当受骗。同时，你也一直非常忌讳别人觉得你没有主见。

党委办公室主任：你认为推销书的大学生不安心读书，想推销书多赚一点钱，以使自己的生活过得好一点。推销书的人总是想说服别人买他的书，而根本不考虑买书人的意愿与实际用途。因此你对大学生的推销行为感到恼火。你现在注意到这位大学生马上会利用你的同事想买书的心理。你决定去人事科阻挠那个推销员，但你又意识到你的行为会使人事科主管感到不高兴，认为你的好意是多余的，并使他产生无能的感觉。

【角色扮演要点参考】（仅供评分人参考）

角色一（图书直销员）应该：

1. 避免在党委办公室出现的情形再度发生，注意强求意识不要太重；

2. 对人事科主管尽量诚恳有礼貌；

3. 防止党委办公室主任的不良干扰。

角色二（人事科主管）应该：

1. 认真鉴别书的内容与适合性；

2. 尽量在党委办公室主任说话劝阻前做出决定；

3. 党委办公室主任一旦开口，你就应表明你的观点，说该书不适合党办是正确的，但对你还是有用的。

角色三（党委办公室主任）应该：

1. 装作不是故意来为难大学生的；

2. 委婉表明你的意见；

3. 注意不要惹怒大学生与人事科主管。

（5）开始角色扮演

角色扮演正式开始前，观察者应该向被试说明角色扮演的要求和注意事项，并回答被试的相关疑问。角色扮演正式开始后，观察者不再给予任何指导，也不进行任何干涉，而是由被试控制角色扮演的话题和气氛。在整个过程中，观察者要持续观察被试的行为表现，包括进入角色的速度，对角色的适应程度，解决方法的创造性，对变化的应变能力等，并记录被试的言语。具体流程如下：

①观察员宣读角色扮演指导语及相关注意事项；

②观察员回答被试的相关疑问；

③在被试表示没有疑问后，由观察员宣布角色扮演测评正式开始；

④被试了解剧情；

⑤实施角色扮演活动；

⑥观察员进行记录和评价，并宣布退场。

（6）评价结果的汇总

角色扮演结束后，所有观察员需要重新阅读角色扮演的记录内容，对被试的行为和言语进行分析，结合测评维度分析被试在角色扮演中表现出了哪些能力特征，并对特征进行评价。评价相同的部分直接作为人才画像的内容，由于角色扮演的测评时间较短，观察内容有限，如果观察员的评价有出入，该部分内容可以直接删除，并依靠其他测评方式进行补充。

六、管理游戏——在趣味游戏中考察多种能力

管理游戏是以完成某项“实际任务”为基础的团队模拟活动，是一种更为复杂的角色扮演，通常以小组的形式进行。数名被试组成一个小组，想办法解决管理工作中常常遇到的问题。被试用给定的材料、二具共同完成一项游戏任务，并在任务结束后针对某个主题进行讨论交流。

在游戏中，每个小组成员被分配一定的任务，有的游戏还规定了小组成员的角色。不同的角色权限不同，但不管每个成员扮演什么角色，要想完成任务，所有成员都必须通力合作。部分游戏还会在情境中引入不确定竞争因素，造成被测小组之间的信息偏差，模拟不规则的商业竞争行为，从而分出优劣次序。在游戏进行的过程中，专家小组通过观察被试在游戏中的表现，对预先设计好的某些能力与素质指标进行评价。

在人才画像的绘制中使用管理游戏，主要是因为其能将复杂的测评内容与有趣的游戏结合起来，形式多样，趣味性强，消除了被试的紧张感，使他们的行为表现更加真实。专家小组可以通过被试在不确定环境下的行为表现，评价被试的情绪控制能力、领导能力及指挥能力等。值得注意的是，管理游戏相较于其他方法更为复杂，配置成本较高，

企业需要花费大量的时间去准备道具等材料，建议在绘制高潜人才画像时使用。

1. 管理游戏的类别

根据解决问题的方向和测评的内容，管理游戏可以分为以下几类。

（1）会议游戏。着眼于如何提高会议的效率，如何有效沟通，分析存在的问题，从而产生新的想法。

（2）销售游戏。测评重点是如何预测市场行情，并确定目标市场，使各个被试能互相学习借鉴，进一步提高销售业绩，扩大企业的市场占有率。

（3）创造力游戏。致力于营造自由、宽松、和谐的工作环境，使被试的新思维、新创意、新办法能碰撞出新的思想火花。

（4）客户服务游戏。模拟客户的各种需求，使被试站在客户的角度思考，制定出为客户提供优质服务的策略。

（5）压力缓解游戏。塑造较强的压力环境，模拟被试在高压环境中的工作行为，并安排缓解压力的游戏，从而观察被试的情绪调节能力。

（6）激励游戏。提供各种激励措施和条件，激发被试的工作热情和创造力，在促进组织成长的同时实现员工自我成长。

（7）团队建设游戏。为团队设置一个明确的共同目标，使成员之间相互负责、共同协作，形成高度的凝聚力。

2. 管理游戏的组织与实施

（1）前期准备

①告诉被试参加管理游戏的注意事项，让被试为参加管理游戏做好准备。

②安排好实施管理游戏的场地，确保在游戏过程中将外界的干扰降到最低。

③事先准备好备用方案，当原管理游戏由于某些原因不能正常进行时可以采用备选方案。

④明确角色职责，如表 6-3 所示。

表 6-3　管理游戏的角色分工

角色	人数	角色分工
评委	1 位主评委 3 位副评委	• 所有评委均来自人才画像项目小组 • 评委内部讨论，根据测评目的编撰管理游戏内容，通知工作人员配合相关工作 • 主评委由项目小组中最了解管理游戏流程的人担任，负责引导和控制游戏进程 • 所有评委在游戏过程中须记录被试的典型行为事件，并对其能力进行评价
工作人员	1~2 位	• 可以来自项目小组，也可以是临时抽调人员 • 按照要求布置游戏场地，为评委发放相关材料，通知被试准时到测评现场并核对被试身份 • 游戏过程中禁止闲杂人员随意出入测评现场 • 根据需要录音录像 • 评委讨论时记录相关评价结论 • 游戏结束后妥善保存题本、评委记录纸和游戏道具
被试	5~8 位	• 在游戏过程中不能随意出入测评现场，并关闭通信工具

（2）实施阶段

管理游戏开始前，主评委简要介绍本次游戏的背景、目的、游戏规则和任务，确保每个被试都理解该游戏的规则和内容，详细步骤如下：

①主评委宣读指导语，提出游戏活动的具体要求及注意事项；

②主评委询问被试对于规则和任务是否还有疑问，并回答提问；

③主评委宣布计时开始，被试按照规则完成游戏，评委观察记录；

④游戏结束前五分钟，主评委提醒被试注意时间。

某显示屏制造公司要求被试扮演一个管理者。这个游戏最多允许 8 人参加，他们分别被指定扮演 8 个高层管理者。这些管理职位包括董事长、生产经理等。

被试的任务是以任何他们认为合适的方式合作经营公司，模拟时间是1天。

这家企业存在很多管理问题和事务，需要被试处理（如果被试认为合适，也可以对某些问题不予关注）。这些问题涉及的领域和方面很广，包括：

1. 当前有一个组建新产品线的机会，他们需要考虑是否要抓住这个机会；

2. 有一项与重要客户相关的法律事务需要处理；

3. 某系列产品质量问题严重，受到大量用户投诉；

4. 企业需要进行技术革新，并淘汰落后产品。

实施时，如果同时参与的人数超过8人，可以将被试分成至多3个小组，模拟不同的外部商业环境和生产任务，如果人数在8人以内，可以随机选择一个场景开展游戏：

第1小组：为手机、电脑、汽车生产前沿显示器产品，处于一个高度不确定和快速发展的商业环境中；

第2小组：制造传统应用的显示器商品，面对一个相对稳定的市场；

第3小组：产品内容多种多样，面对一个复杂的市场。

（3）评价汇总阶段

评价时，评委应注意观察被试在团队活动中的行为，而不是以团队的角度关注解决问题的结果。评价结束后，评委将记录的内容进行汇总，提炼出各个评委对共同人物评价的共性内容与争议项，并针对争议项再次进行讨论，最终形成对单个对象的一致评价，作为人才画像的内容。

七、案例分析讨论——高效率的群体测验

案例分析讨论由哈佛商学院于1880年创立，最初是作为培养高级管理人员的教育实践，后来逐渐发展成为人才测评的一种方法。评委利用书面材料向被试提供特定主题的案例，要求被试以某种身份对事件进行分析和决策，解决案例中出现的各种问题。人才画像项目小组通过对被试分析报告的评估，来判断他们的能力与素质。

案例分析具有较强的适用性，评委可以根据不同的测评对象，编制不同背景和不同难度的案例。此外，由于案例分析的呈现形式和答题形式都是书面化的，因此相比于无领导小组讨论、角色扮演等测评手段，案例分析既可以用于个体测试，也可以用于群体测试，大大提高了人才画像的绘制效率。

1. 案例分析讨论的类型

案例分析一般有三种类型，分别是评价型、决策型和综合型。

（1）评价型案例。要求测评者提供完整的案例事件信息，被试对案例进行剖析，理解事件中提及的具体做法、事件产生的原因、成功或失败的经验教训，以第三方的角度进行评价，体现被试分析问题的能力。典型问题有"你如何评价某人或某组织的作为？为什么？"

（2）决策型案例。要求被试以局中人的身份对曾经发生或经过加工的实际案例提出主观性分析和决策。典型问题有"如果你在某人的位置或如果你是某某，你将如何处理此事？为什么？"

（3）综合型案例。要求被试综合第三方视角的理性判断和局中人身份的感性认知，在材料无法明确问题的实质、问题产生的原因以及解决问题的办法时，在众多看似无关联的管理情景和表象症状中去寻找关键问题，并进行分析决策。

2. 案例分析测验的组织与实施

（1）确定测评目的

确定测评的目的和对象，以便确定案例分析题目开发的难易程度、复杂程度、测评的维度等内容。

（2）编制案例分析题本

深入了解目标岗位或对象的日常工作流程、工作任务，收集日常工作中经常出现的典型情景，在明确测评维度的基础上，编制案例内容。案例的编制要注意以下几点：

①选材要具有典型性和真实性，设计的评价维度要适当；

②事件描述要尽量具体，给出回答问题所需的全部信息；

③篇幅要适中，一般在500~1 000字；

④问题的设定要有启发性和开放性，以使被试有充分的发挥空间。

小张是一家制造工厂的人力资源经理，今年企业准备转型，计划对各个部门的工资制度进行调整，其中装配车间的情况难倒了小张。

装配车间的工作主要是对毛坯产品进行修边、整形，这项工作受上游机器作业影响很大，机器运转良好，装配车间的工作就轻松且产量高，机器不太给力时，装配车间的工作就会多些，一天的产量也会降低，所以很难计件，但是现行的计时工资标准相对计件而言又比较低，员工对此意见很大。小张请示过副总，但他不愿意上调计时工资，说要权衡其他车间工人的意见。现在，装配车间已经出现了人员流失的情况，长此以往，员工肯定留不住。

面对这样的情况，小张应该如何处理？

（3）确定角色分工

案例分析的评委均来自人才画像项目小组。由于案例分析的评价对专业性知识要求较少，因此可以依据方便原则从小组中选择专家作为评委。当然，评委要熟悉企业的情况，对人员所在岗位有深入的理解。

（4）场地布置

案例分析的测评场地应尽可能还原办公环境，让被试表现出日常工作特点。在被试较多的情况下，测评环境的独立性尤为重要，以免互相干扰。

（5）实施讨论

案例分析开始前，评委应告知被试案例分析的要求，并回答相关疑问。案例分析的结果既可以是口头的解决方案，也可以是书面的解决方案。具体流程如下：

①主评委示意工作人员分发题本；

②主评委宣读案例分析测评指导语；

③被试按照指导语的要求分析决策；

④测评结束前半小时，主评委提醒被试注意时间；

⑤主评委宣布测评结束。

（6）评价结果汇总

案例分析一般有参考答案，但参考答案不是唯一的正确答案，评委要根据被试的处理依据或理由判断其处理方法是否合理、处理措施是否得当，从而做出客观评价。另外，当被试没有按时处理完成多个案例事件时，评委可先评价已处理的文件，之后再对被试的统筹规划能力或计划能力等做出补充评价。所有评委评价结束后，要进行汇总，选择共性的评价结果作为人才画像的内容。与角色扮演一样，由于案例分析的操作流程较为简单，可以直接删去有异议的评价结果。

八、笔迹分析——字如其人的观测手段

笔迹分析是指通过对员工书写字迹的分析，对被试的内在特征、心理素质和胜任力特征进行推断，进而预测被试的未来发展潜力与绩效。笔迹分析需要被试提供至少一页的硬笔字迹，评委按照既定的测定规则对字迹的大小、斜度、页面安排、字体宽度，以及书写力度等要素进行测定，进而对被试个性、情感与才智等方面进行考察。

笔迹分析的科学性目前还存在较大的争论。过去，笔迹分析常用来判断多起案件是否涉及同一人，以及验证嫌疑人与物证之间的关系。通过笔迹直接探测个体个性的应用并不多。可以确定的是，个人的笔迹特征是相对独特和稳定的，同时，笔迹的定型与个人发展的过程较为同步，这一特点为笔迹分析提供了可行性。在工作中，每个人都会留下大量的笔迹材料，这为笔迹分析提供了足够的样本。一般来说，笔迹分析基于以下七个方面。

1. 书面整洁性

整洁并不意味着字体优美好看，仅仅是书面规整干净就可以说明被试具有较强的自尊心，关注自身仪表和形象。

2. 字体大小

字体大，说明被试自信心很强，性格趋于外向，兴趣广泛、思维开阔、不拘小节，但缺乏耐心，不够谨慎；字体小，说明被试具有较强的专注力和自控力，待人待事耐心，但缺乏自信心，过于谨慎；字体大小不一，说明被试随机应变能力较强，处事灵活，但缺乏自制力。

3. 字体结构

字体结构反映了被试思维及行动的控制程度，与被试的年龄、文化程度等有关。如果结构严谨，则说明被试的文字基础较好，性格较为沉稳，考虑问题比较全面；如果结

构错误较多且较为松散，则说明被试粗心，注意力不集中。

4. 书写力度

有的人写字落力过重，能够“力透纸背”，可以侧面说明被试意志坚定，做事果断，充满信心；落力过轻，甚至字迹虚浮，则表明被试有可能精力不足，遇事容易退缩；落力轻重不一，说明被试情绪不稳定，难以捉摸，或者做事犹豫不决。

5. 书写速度

书写速度也是笔迹的一个特点，可以在被试写字时进行观察。日常工作中，书写速度较快的人往往思维敏捷，动作迅速，效率较高，但缺乏耐性，容易冲动。相反，书写速度慢的人并不一定是效率低。如果速度慢但笔迹流畅，则说明被试思维周密，做事沉稳，但速度慢且笔迹粗糙，则有可能是迟钝、犹豫不决的表现。

6. 字行平直性

字迹横平竖直，可以说明被试重视秩序、遵守纪律，但往往拘于形式；字行忽高忽低，说明被试情绪不稳定，注意力不够集中。

7. 通篇布局

通篇布局主要是指在页面的左右两边留白大小及行与行之间排列是否整齐。左右两边空白一样大，说明被试提前考虑了留白的重要性，并在书写时注重了两边的比例，体现出了较强的统筹安排能力和执行力；左边空白大，说明被试考虑到了留白的重要性，但书写时没有把握好整体篇幅，人格特点为能注意倾听他人意见，可以体察他人长处；右边空白大，说明被试多凭直觉办事；左右两边不留空白，说明被试有着很强的占有欲和控制欲。如果行与行之间排列整齐，说明被试在写每一行时都注意到了间距问题，反映了其做事的计划性和系统性；行与行之间排列不整齐，说明被试条理性较差，做事马马虎虎。

笔迹分析示例

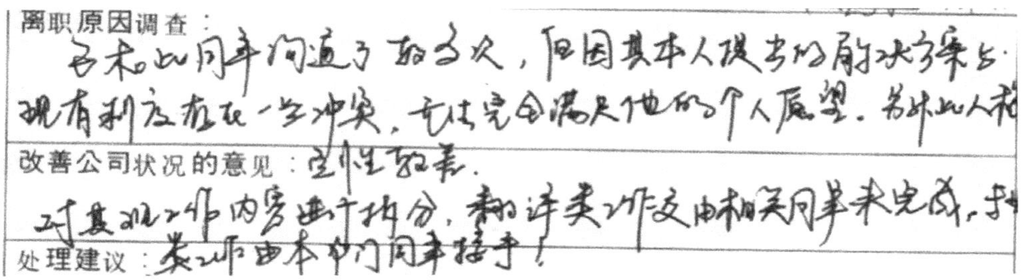

【笔迹特点】

1. 字体凝重，在运笔过程中停顿较多，不流畅。

2. 书写力度较重，速度较快。速度快的表现为简笔较多，多连体。

3. 字间距适中，字行平直。

4. 字的末笔收敛。

【性格特征】

1. 字体凝重的人做事较专注、责任心较强，但是人际关系能力偏弱，如果线条不伸展，则有自闭表现。该字体虽然凝重，但总体而言有向外延展的趋势，如明显的竖划说明此人属于直线式思维，系统思维欠缺。

2. 凝重的、快的线条表明此人性格急躁，因为责任心强，往往是就事论事；下笔重表明此人固执，处事欠缺灵活性。

3. 与人交往会掌握一定的分寸，比较谨慎。

4. 有力的线条说明此人能承受较大的压力或者在这段时间承受着较大的压力，末笔的收敛是自我控制的表现。

笔迹与个性之间具有关联性，笔迹分析的结果可以看作是对心理测评的一种验证与补充。此外，笔迹分析这一方法使用起来更加简洁，项目小组可以直接从被试的手写材料中随机选用，避免可能发生的掩饰行为，同时可以引入第三方机构对笔迹材料进行测评，从而快速获取结果。

参考文献

1. 邓兮 . 肢体语言心理学 . 北京：中国纺织出版社，2020.

2. 高广尚 . 用户画像构建方法研究综述 . 数据分析与知识发现，2019，3（03）：25-35.

3. 郭婷 . 微表情心理学 . 哈尔滨：黑龙江美术出版社，2019.

4. 罗洪铁，周琪 . 人才学原理 . 北京：人民出版社，2013.

5. 金圣荣 .FBI 微表情心理学 . 北京：民主与建设出版社，2016.

6. 金圣荣 .FBI 微动作心理学 . 北京：民主与建设出版社，2016.

7. 麦克斯 · A. 埃格特，丁敏（译）. 了不起的身体语言 . 北京：人民邮电出版社，2020.

8. 潘柳燕 . 复合型人才及其培养模式刍议 . 广西高教研究，2001（06）：51-54.

9. 曾国藩，东方书林 . 每日品读曾国藩冰鉴相人智慧 . 北京：中国致公出版社，2011.

10. 赵恒平，雷卫平 . 人才学概论 . 武汉：武汉理工大学出版社，2009.

11. 郑其绪，马抗美，罗洪铁 . 微观人才学概论 . 北京：党建读物出版社，2013.

12. 苏永华主编 . 人才测评案例集 . 北京：中国人民大学出版社 .2011.

13. 苏永华主编；张厚粲，杨玉芳名誉主编；孙健敏丛书主编 .21 世纪应用心理学系列教材人才测评操作实务 第 2 版 . 北京：中国人民大学出版社 .2016.
14. 徐世勇，李英武主编 . 人员素质测评 . 北京：中国人民大学出版社 .2019.
15. 萧鸣政主编 . 复旦博学 人员测评与选拔 . 上海：复旦大学出版社 .2015.
16. 杨振芳，孙贻文 . 游戏化招聘：人才选拔的新途径 . 中国人力资源开发，2015（24）：45-50.
17. 刘加艳，郑全全，时勘 . 中文笔迹分析研究进展 . 心理科学，2005（02）：442-443+441.
18. 诸荧 . 探讨如何用绩效与测评来透视人才 . 现代商业，2015（17）：140-141.
19. 孙健敏，彭文彬 . 无领导小组讨论题目设计 . 中国人力资源开发，2004（07）：48-52.
20. 刘远我 . 评价中心技术刍议 . 中国人力资源开发，2007（5）.
21. 殷雷 . 评价中心的基本特点与发展趋势 . 心理科学，2007（5）.
22. 许铎 . 履历分析测评技术在选拔招聘人才中的应用 . 中国人力资源开发，2002（10）.
23. 李双双 . 论人才测评在企业绩效管理中的功效 . 科技创业月刊，2006（8）.
24. 隆意 . 基于培训的客户经理素质测评模式探索——以某通信运营企业为例，华东经济管理，2010（9）.
25. 江勇，孔克勤 . 笔迹与人格关系研究的回顾及评价 . 心理科学，2007（5）.
26. 秦玉红，王美芳 . 笔迹分析在人才选拔方面应用的实证研究 . 领导科学，2012（23）.
27. 水藏玺，向荣，刘洪良 . 胜任力模型开发与应用 . 北京：中国经济出版社，2019.
28. 任康磊 . 岗位管理与岗位胜任力模型构建实战 . 北京：人民邮电出版社，2021.

29. 林丽萍 . 从零开始学胜任力模型建模与应用 . 北京：中华工商联合出版社，2021.

30. 高广尚 . 用户画像构建方法研究综述 . 数据分析与知识发现，2019，3（03）：25-35.

31. 何琳，艾毓茜，刘建斌，彭秋茹 . 基于数字远读技术的社会画像构建方法研究 . 现代情报，2022，42（07）：22-30.

32. 唐丽颖 . 素质测评方法与工具 . 北京：中国劳动社会保障出版社，2013.

33. 任康磊 . 人才测评：识别高潜人才，提升用人效能 . 北京：人民邮电出版社，2021.

34. 张云华 . 人才测评绘图测验的应用 . 北京：清华大学出版社，2015.

35. 拉姆 · 查兰，斯蒂芬 · 德罗特，詹姆斯 · 诺埃尔 . 领导梯队：全面打造领导力驱动型公司 . 北京：机械工业出版社，2021.

36. 徐璐瑶，姜增祺，黄婷婷，刘云鹏 . 基于大数据的用户画像系统概述 . 电子世界，2018（02）：64-65.

37. 何琳，艾毓茜，刘建斌，彭秋茹 . 基于数字远读技术的社会画像构建方法研究 . 现代情报，2022，42（07）：22-30.

38. 理查德 · 莱普辛格，安托内特 · 露希亚 . 逸文译 .360 度反馈的艺术和科学 . 北京：中国财政经济出版社，2005.

39. 诺姆四达集团 . 解码胜任力 . 北京：光明日报出版社，2014.

40. 周文霞，李梦宜，辛迅 . 职业生涯管理教程 . 北京：中国人民大学出版社，2021.